UM NOVO COMEÇO

CRESCENDO PARA DENTRO

PROCESSO DO NOVO CONVERTIDO

Tornando-se um membro da nossa família, a Igreja

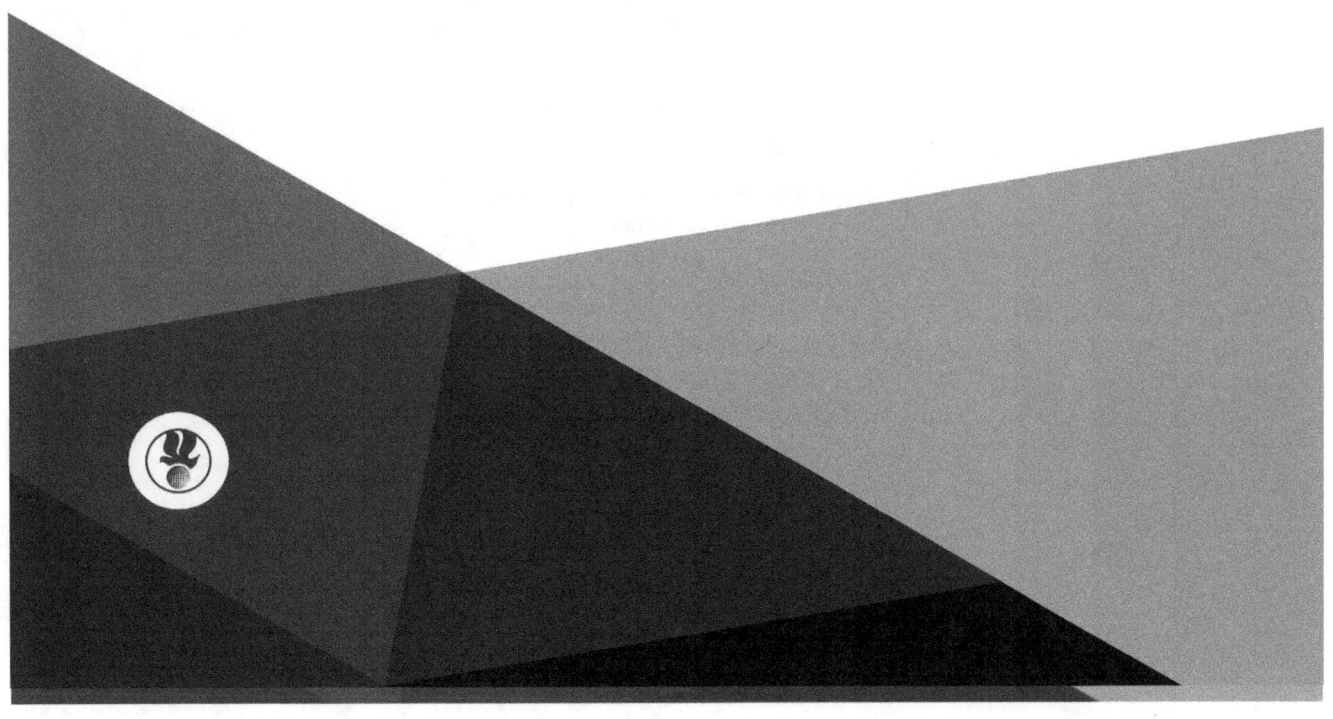

Nossa Missão
Chamados para trazer o poder sobrenatural de Deus para essa geração

Um novo começo
O Processo do Novo Convertido
CRESCENDO PARA DENTRO

© 2023 por Guillermo Maldonado

Primeira Edição 2023

ISBN: 978-1-61576-0350

Todos os direitos são reservados ao King Jesus International Ministry.
Produzido por: King Jesus University (KJU)

Esta publicação não pode ser reproduzida, alterada no todo ou em parte, armazenada em um sistema eletrônico, ou transmitida em qualquer forma ou por qualquer meio, eletrônico, mecânico, fotográfico, gravado ou de outra forma, sem a autorização prévia por escrito do autor. A menos que se indique o contrário, todas as citações das escrituras foram tiradas da versão Reina Valera 1960. Algumas citações Bíblicas foram tiradas da BÍBLIA AMPLIFICADA, Copyright © 1954, 1958, 1962, 1965, 1987 pela Fundação Lockman. Todos os direitos reservados. Usado com permissão (www.Lockman.org)

Diretor do Projeto: Adrián Ramírez

Editor Sênior: José M. Anhuaman

Originalmente editado em espanhol por:
Gloria Zura
Vanesa Vargas
Traduzido para o português por:
Joao Felipe dos Santos
Andreia Palaroni

Design da Capa: Alvaro Flores

Design do interior: Martha Anhuaman

Categoria: O Reino De Deus

Publicado por:

Ministerio Internacional El Rey Jesús
14100 SW 144 Ave. Miami, FL 33186
Tel: (305) 382-3171 – Fax: (305) 675-5770

Impreso nos Estados Unidos de América

ÍNDICE

Informações úteis para os professores	5
O processo do novo convertido	7
Valores da nossa casa	9
Declaração de fé	11
Introdução	13
1. A revelação de Jesus I	15
2. A revelação de Jesus II	27
3. A experiência do Novo Nascimento	39
4. O pecado e suas consequências	51
5. O verdadeiro arrependimento e a conversão	63
6. A morte de Jesus I	77
7. A morte de Jesus II	89
8. O processo de Purificação do Novo Convertido	101

Informação
ÚTIL PARA OS PROFESSORES

A seguir estão algumas dicas úteis para que tanto o professor quanto o aluno possam tirar o melhor proveito desta apostila. Desta forma, ambos terão mais ferramentas para estudar, cumprindo assim o seu propósito.

ANTES DE COMEÇAR A AULA

- O professor perguntará se tem algum aluno novo
- Levará dois ou três testemunhos da aula anterior

METAS

Os objetivos de cada aula são elaborados para ajudá-lo a direcionar a classe para um propósito específico e claro. Se o professor der seu ensino pensando nos alunos, será mais fácil para ele manter o foco e não permitirá que nada o desvie do tema principal.

PASSAGENS BÍBLICAS

EEm todas as lições você encontrará passagens Bíblicas aplicáveis à classe. Algumas estão completamente copiadas e citadas; e em outras só teremos a porção da escritura que serve especificamente para o ensino; e em outras mais, só aparece a citação bíblica; por exemplo (Veja Hebreus 9:12). Estas são ferramentas adicionais que o ajudam a entender melhor o tema.

QUESTÕES

Em cada aula você encontrará três tipos de perguntas. O primeiro grupo, incluí perguntas que ajudarão o professor a introduzir de forma simples alguns pontos importantes da lição; todas estas perguntas convidam o aluno a analisar o que aprendeu, e incluem linhas para que o aluno responda brevemente. O segundo grupo de perguntas será feito pelo professor no final da aula; isso motivará os alunos a ficarem atentos. O terceiro grupo incluí questões de reflexão, após a leitura de algumas passagens da Bíblia; essas perguntas são incluídas como lição de casa para ajudar no processo de aprendizagem e fixação das lições.

ATIVAÇÃO

Depois de terminar a aula e responder às perguntas, o professor deve ensinar os alunos de acordo com a área que ensinou. Professor, sinta-se livre para seguir a voz do Espírito Santo, mantendo a ordem divina.

Em cada classe deve ser estabelecido o padrão do "El Rei Jesus", que é o seguinte:

- Presença de Deus (Esta é atraída com oração e Jejum).

- Palavra compartilhada (É recebida de Deus nos cultos, aulas, e durante o tempo que você dedica ao estudo da palavra e a comunhão com o Espírito Santo).

- Almas (O professor ensinará em cada aula o amor de Deus pelos perdidos).

- Dízimos e ofertas (Não está incluído na matéria, mas faz parte da nossa adoração a Deus).

- No final da aula, o professor orará pelas necessidades pessoais dos alunos. Ministrará salvação, milagres, profecia, libertação, cura, finanças, família, paz e alegria, conforme o Espírito guiar.

- Pedirá aos alunos que convidem uma pessoa para a próxima aula

TAREFA MENSAL

Cada aluno deve <u>ganhar</u> ao menos <u>uma alma para Cristo no mês.</u> Você escreverá um breve relatório sobre essa experiência e entregará ao professor.

O Processo de Novo Crente

Abaixo estão as aulas que o Novo Crente deve fazer para se tornar um membro, bem como as recompensas que ganhará por completar este processo.

CRESCENDO PARA DENTRO

SEMANA 1
1 - A revelação de Jesus I.
2 - A revelação de Jesus II.

SEMANA 2
3 - A experiência do novo nascimento.
4 - O pecado e suas consequências.

SEMANA 3
5 - O verdadeiro arrependimento e a conversão.
6 - A morte de Jesus I.

SEMANA 4
7 - A morte de Jesus II.
8 - O processo de purificação do crente.

CRESCENDO PARA CIMA

SEMANA 8
7 - A ressurreição de Jesus II.
8 - O mandamento de congregar.

SEMANA 7
5 - A fé em Jesus.
6 - A ressurreição de Jesus I.

SEMANA 6
3 - Como ter orações respondidas II.
4 - O que é a verdade?

SEMANA 5
1- Conhecendo a Deus como Pai.
2- Como ter orações respondidas I.

CRESCENDO PARA FORA

SEMANA 9
1 - A pessoa do Espírito Santo.
2 - O batismo no Espírito Santo.

SEMANA 10
3 - A vontade de Deus é curar I.
4 - A vontade de Deus é curar II.

SEMANA 11
5 - Por que casa de paz?
6 - Conectandome a uma casa de paz.

SEMANA 12
7 - Como compartilhar seu testemunho.
8 - Como compartilhar seu testemunho (prática).

RECOMPENSAS PARA MEMBROS

- Eles recebem um certificado de adesão.
- Eles são apresentados à congregação.
- Eles podem participar de reuniões de discipulado.
- Eles podem servir nos departamentos de nível 1.

Valores da nossa casa

Este manual contém ensinamentos bíblicos e revelação do Espírito Santo de Deus e transformação das pessoas que recebe. Nossa oração é que está seja uma valiosa ferramenta nas mãos de pastores, líderes e cristãos em todas as partes do mundo, para que juntos vejamos expandir o reino de Deus, proclamando que Jesus Cristo é o Senhor para a glória de Deus Pai.

Apóstolo Guillermo Maldonado

A visão está fundamentada e sustentada pelos valores do Reino. De outra maneira, não seguiria o plano de Deus. Os valores que sustentam a nossa casa são:

1. **Deus.** Acreditamos que Deus é um Deus Trino: Deus pai, Deus filho e Deus Espírito Santo, os quais se tornam UM. Nós o amamos com toda a alma, espírito e mente, e com toda as nossas forças. Ele é a prioridade do nosso amor, obediência e adoração, sobre todas as coisas.

    Amarás o Senhor o Teu Deus com todo o coração, e com toda a tua alma e com todas as suas forças e com toda a sua mente: e ao teu próximo como a ti mesmo. (Lucas 10:27)

2. **A família.** Acreditamos na família como um elo principal no reino de Deus; e no casamento somente entre homem e mulher. (Veja Gênesis 1:27).

3. **O valor da palavra de Deus.** Acreditamos nas escrituras como a verdade absoluta, total e inspirada por Deus que é o fundamento para a nossa vida (Veja 2 Timóteo 3:16). Nós prometemos colocá-la em prática (veja Tiago 1:22).

4. **Também acreditamos que o Reino de Deus** é o governo invisível, absoluto e verdadeiro de Deus. Fazer sua vontade é nossa paixão e desejo. Acreditamos e praticamos os seus valores, princípios, pensamentos e leis. (Veja Hebreus 12:28).

5. **Paixão pelo progresso.** O desejo de Deus é que prosperemos em tudo. Por isso, o crescimento constante é um valor para nós amadurecermos, progredirmos, irmos a outras dimensões e níveis de visão, fé, unção, glória e benção. (veja 3 João 1:2).

6. **O valor da transferência geracional.** Acreditamos que o nosso Deus é um Deus tri geracional: Deus de Abrão, Isaque e Jacó, e que os pais têm a habilidade e a graça de transmitir aos seus filhos espirituais e naturais, tudo aquilo que eles têm alcançado: herança material, emocional e espiritual. (Veja por exemplo, êxodo 3:15; Deuteronômio 30:19; Lucas 1:50).

7. **O propósito** acreditamos que todo ser humano nasceu e foi criado por Deus com um propósito. Quando ele descobre seu propósito e o desenvolve, deixa um legado na terra. Então pode-se dizer que essa pessoa teve sucesso na vida. (Veja Eclesiastes 2:11).

8. **O caráter de Cristo.** Acreditamos que o objetivo de cada homem e mulher na terra é, a cada dia formar mais o caráter de Jesus em sua vida, ou seja, estar cheio de bondade, integridade, humildade, temor de Deus, santidade e maturidade. Acreditamos que Jesus é nosso modelo, ao qual temos que imitar, honrar, glorificar, adorar e seguir. (Veja Romanos 8:29).

Declaração de fé

A Bíblia. Cremos que a bíblia é a palavra de Deus inspirada, infalível e imutável, desde Gênesis até Apocalipse. (Veja 2 Timóteo 3:16).

Um Deus em três pessoas. Cremos em Deus pai, Deus filho e Deus Espírito Santo, e que os três são um. (Veja João 5:7).

Na divindade de Jesus Cristo. Cremos que Jesus Cristo é o unigênito Filho de Deus, nascido de uma Virgem; que foi crucificado, morreu e ressuscitou ao terceiro dia; subiu aos céus e agora está sentado a destra de Deus pai. (Veja, por exemplo, Isaías 7:14; Lucas1:30-35; Atos 2:32-36).

Salvação. Cremos que a salvação é obtida pelo arrependimento e a confissão dos pecados; é dada pela graça divina (não por meio de obras) é recebida pela fé em Cristo Jesus; pois Ele é o único mediador entre Deus e os homens. (Veja, por exemplo, Atos 4:11-12; Efésios 2:8; 1 Timóteo 2:5).

A ressurreição dos mortos e a vida eterna. Cremos na segunda vinda de Cristo para seu povo, que todos os mortos ressuscitarão (salvos e não salvos); e que os cristãos que estiverem vivos serão arrebatados por Jesus, e todos passarão pelo julgamento de Deus. Os crentes terão vida eterna com Jesus e comparecerão perante o tribunal de Cristo, enquanto os incrédulos serão ressuscitados para a condenação eterna e serão julgados no grande Trono Branco de Deus. (Veja, por exemplo, Daniel 12:1-2; 1 tessalonicenses 4:13-17; Romanos 14:10; apocalipse 20:11-15).

Santificação. Acreditamos na santificação como uma obra instantânea no Espírito, mas que, também, deve ser desenvolvida progressivamente na alma e no corpo de cada filho de Deus l. (Veja, por exemplo, hebreus 12:14; Romanos 6:19-22).

Cremos no batismo no corpo de Cristo, pelo qual a pessoa aceita a Jesus, nasce de novo e torna-se parte do corpo de Cristo e de Sua vida eterna. (Veja 1 Coríntios 12:27).

Cremos no batismo nas águas, como símbolo de identificação com a morte para o pecado, e com a ressurreição de Jesus para a vida eterna. (Veja Romanos 6:4).

Cremos no batismo no Espírito Santo, com a evidência de falar em outras línguas, e que por meio desse batismo é recebido o poder para ser uma testemunha de Jesus em todo o mundo. (Veja, por exemplo, atos 1:8; 2:4).

A imposição de mãos. Cremos que esta é uma das maneiras de se transmitir a benção, a cura e o poder de Deus, de um ser humano para outro. (Veja, por exemplo, atos 8:15-17; 1 Timóteo 4:14; 2 Timóteo 1:6).

Os cinco ministérios. Cremos nos cinco ministérios de Efésios 4:11, como dons dado por Deus ao Corpo de Cristo. (Veja Efésios 4:11-12).

Ministérios de governo. Cremos que o apostólico e o profético são padrões governamentais que estabelecem o fundamento e a doutrina bíblica da igreja. (Veja Efésios 2:20; 3:5).

O governo apostólico. Cremos em estabelecer o governo apostólico na igreja local, com um apóstolo como cabeça, um profeta como parte do governo, ministros e presbíteros. (Veja, por exemplo, Efésios 4:11 e atos 14:23).

Reino de Deus. Cremos no reino de Deus como governo e na pessoa de Jesus como Rei, como duas verdades absolutas e máximas. (Veja, por exemplo, João 3:3; atos 8:12; Romanos 5:17; Hebreus 12:28).

O poder curador e libertador do Reino. Acreditamos no poder do Reino para curar todos os enfermos, expulsar demônios e realizar milagres, maravilhas, sinais e prodígios. (Veja, por exemplo, Marcos 1:32-34; João 14:12; Mateus 12:28).

A fé. Acreditamos que sem fé é impossível viver uma vida agradável a Deus, e que por ela herdamos as promessas. (Veja Hebreus 6:12; 11:6).

Pregar o evangelho. Acreditamos na divulgação do evangelho do reino de Deus de forma local, nacional e globalmente, por todos os meios disponíveis. (Veja Mateus 24:14).

Introdução

Parabéns e bem-vindo a família de Deus!

Receber Jesus é o acontecimento mais importante na vida de uma pessoa. É tão importante que é considerado como um segundo nascimento, pois você deixa de estar em rebelião contra Deus, para se tornar filho de Deus. Você nasceu no natural, mas agora nasceu no espiritual. Quando uma pessoa nasce, ela precisa de alimento adequado para poder crescer e se desenvolver naturalmente. O mesmo acontece no reino espiritual.

Esta apostila foi elaborada para lhe fornecer alimento espiritual básico, para que você possa desenvolver nas coisas espirituais de uma maneira saudável. Ao participar desses ensinamentos, você aprenderá mais e mais sobre Jesus, que mudou a história da humanidade e continua mudando a vida de muitas pessoas. Através dessas lições você encontrará perguntas de reflexão, leituras Bíblicas e tarefas que serão benção para a sua vida.

O maior segredo da humanidade é que na medida que se alinha à vontade de Deus, mais paz, alegria, benção e vitórias você verá em sua vida, apesar das situações que tenha que enfrentar.

É a vontade de Deus ter comunhão com cada um de nós, mas a decisão de continuar aprendendo e crescendo para ser um discípulo de Cristo é algo muito pessoal.

Oramos para que o Senhor Jesus abra seus olhos, o transforme e o surpreenda. O melhor da sua vida está por vir!

Apóstolo Guillermo Maldonado
Ministerio Internacional El Rey Jesús
Miami, Florida, EE. UU.

Aula 1

A Revelação De Jesus - I

META

- Obter revelação sobre a pessoa de Jesus.

Este ensinamento foi recebido da parte de Deus pelo apóstolo Guillermo Maldonado, com o propósito de transformar as vidas de quem receber. O professor deve se apegar aos objetivos e conteúdo de cada aula, ensinando 45 minutos e ministrando 15 minutos. Seguir estas instruções trará disciplina ao professor e mudança radical para todos.

A Revelação de Jesus - I

Jesus está vivo e continua a agir aqui agora. Porém, a maioria das pessoas no mundo tem conceitos errôneos acerca dEle. Poucos entendem por que Ele morreu na cruz e quais são os benefícios espirituais de Sua morte. Por isso, não experimentam em suas vidas pessoais os benefícios que foram desencadeados pela morte e ressurreição de Jesus. Eles vivem uma vida comum. Talvez você, como muitos outros, já tenha ouvido falar de Sua história, mas hoje aprenderá quem Ele é e como Ele é capaz de mudar nossas vidas.

AGENDA | CLASE DE LÍDERES
15m Adoração / Preparar ambiente
60m Enssino
10m Oferta / Conectar com a classe
20m Ministração e ativação
05m Anúncios e despedida
TOTAL: 1 Hr. e 50m.

RESPONDA
O que você sabe sobre Jesus?

Dedique alguns minutos para escrever a sua resposta.

_____

_____

_____

POR QUE HÁ TANTA GENTE QUE NÃO CONHECE A JESUS?

Não o conhecem porque satanás - o "deus" deste século - tem cegado o entendimento humano.

> "Mas, se o nosso evangelho está coberto, para os que estão perecendo é que está encoberto. O deus desta era cegou o entendimento dos descrentes, para que não vejam a luz do evangelho da glória de Cristo, que é a imagem de Deus." **(2 Coríntios 4:3-4)**

A maioria das religiões no mundo reconhecem a Jesus como um homem bom, justo, um profeta, um mestre, um filósofo e até uma lenda. Inclusive, muitos cristãos, conhecem só ao Jesus histórico. Porém, é necessário revelação para conhecer ao Deus vivo que segue curando os enfermos, libertando os oprimidos pelo diabo, trazendo provisão etc.

Todo o mundo sabe algo sobre Jesus, mas poucos tem a revelação de quem é ele realmente.

O QUE ESSA GERAÇÃO PRECISA PARA CRER EM JESUS?

Precisa de provas. Para que esta geração creia em Jesus, precisa ver a manifestação dEle agora. Devemos pregar Jesus com uma revelação de quem Ele é, aqui e agora. A igreja primitiva fazia assim; por isso, o apóstolo Paulo escreveu aos coríntios:

Pois decidi nada saber entre vocês, a não ser Jesus Cristo, e este crucificado. E foi com fraqueza, temor e com muito tremor que estive entre vocês. Minha mensagem e minha pregação não consistiram em palavras persuasivas de sabedoria, mas em demonstração do poder do Espírito, para que a fé que vocês têm não se baseasse na sabedoria humana, mas no poder de Deus. **(1 Coríntios 2:2-5)**

Muitos pregadores ensinam sobre Jesus ainda sem conhecer quem Ele realmente é. Mesmo, a maioria dos teólogos, falam de Jesus sem havê-Lo experimentado. Só quando experimentamos a Jesus por meio de encontros pessoais, podemos começar a conhecê-Lo, porque Ele se revela a nós e nos atrai a Ele.

Mas eu, quando for levantado da terra, atrairei todos a mim.
(João 12:32)

As perguntas que a humanidade se faz, século após século, são:

- Quem é este Jesus de Nazaré que dividiu a história da humanidade em duas?

- Quem é este Jesus que nasceu de uma Virgem, caminhou sobre as águas, alimentou as multidões, curou os enfermos, ressuscitou mortos, e expulsou demônios?

- Quem é este Jesus que morreu na cruz, ressuscitou ao terceiro dia como havia prometido, e transformou a vida de milhões de pessoas em mais de 21 séculos?

RESPONDA
Você já recebeu um milagre, ou conhece alguém que experimentou algum evento sobrenatural? Conte-nos.

Separe alguns minutos para escrever a sua resposta.

_____
_____
_____
_____
_____

O filho de Deus é um personagem que causa polêmica. O mundo está cheio de grandes defensores do Messias anunciado nas escrituras, mas também muitos difamadores. Milhões o amam tanto que são capazes de dar sua vida para não o negar, mas também há milhões que o rejeita, de tal modo, que estão dispostos a dar sua vida para livrar-se dele e dos seus seguidores.

QUEM É JESUS PARA VOCÊ?

Essa pergunta é tão significativa que inclusive Jesus a fez aos seus discípulos. Vamos ler o que aparece em *Mateus 16.*

> *Chegando Jesus à região de Cesareia de Filipe, perguntou aos seus discípulos: "Quem os outros dizem que o Filho do homem é?" Eles responderam: "Alguns dizem que é João Batista; outros, Elias; e, ainda outros, Jeremias ou um dos profetas". "E vocês?", perguntou ele. "Quem vocês dizem que eu sou?" Simão Pedro respondeu: "Tu és o Cristo, o Filho do Deus vivo". Respondeu Jesus: "Feliz é você, Simão, filho de Jonas! Porque isto não foi revelado a você por carne ou sangue, mas por meu Pai que está nos céus. E eu digo que você é Pedro, e sobre esta pedra edificarei a minha igreja, e as portas do Hades não poderão vencê-la. Eu darei a você as chaves do Reino dos céus; o que você ligar na terra terá sido ligado nos céus, e o que você desligar na terra terá sido desligado nos céus". **(Mateus 16:13-19)***

Aqui devemos ser mais categóricos. Não se trata somente de saber quem é Jesus para mim e para você, mas devemos conhecer quem Ele é verdadeiramente. Não é uma conclusão baseada em nossas opiniões, mas no que Jesus disse e demonstrou sobre Ele mesmo.

POR QUE JESUS VEIO A TERRA?

Na época em que Jesus andou na terra, muitos pensaram que Ele seria um revolucionário que expulsaria os Romanos do território israelense, mas Jesus não veio para acabar com o império romano, ele veio a salvar a raça humana. Quando Jesus morreu, o pecado que impedia o homem de aproximar-se de Deus foi removido. Por meio de sua obra consumada na cruz, Jesus reconciliou a humanidade com Deus Pai, pois este relacionamento havia sido rompido no jardim do Éden, por causa do pecado de desobediência do primeiro casal humano.

Isso é o que diz as escrituras:

> *Pois o <u>Filho do homem</u> veio buscar e salvar o que estava perdido".* ***(Lucas 19:10)***

> *Mas para que vocês saibam que o <u>Filho do homem</u> tem na terra autoridade para perdoar pecados" - disse ao paralítico: "Levante-se, pegue a sua maca e vá para casa".* ***(Mateus 9:6)***

RESPONDA
Qual foi o resultado da morte de Jesus na Cruz?

Separe alguns minutos para escrever a sua resposta.

_____
_____
_____
_____

JESUS O MESSIAS

A expressão " filho do homem" é um código hebraico que faz a referência ao "messias" que é um ser sobrenaturalmente capacitado com habilidades divinas para fazer o impossível. Para entender isso devemos entender primeiro que o novo testamento foi escrito originalmente em grego. A palavra grega que se traduz como "Messias" é Cristo, que significa Ungido, Senhor, Rei, Governante. "Cristo" não é um nome, e sim <u>um título.</u> Um título mostra sempre uma referência a uma função ou um propósito. Para os Hebreus, o Messias não precisava ser Deus, mas um ser humano ungido por Deus para um propósito específico (Veja 1 Samuel 2:35). Por isso, quando Jesus falou com a samaritana...

Disse a mulher: "Eu sei que o <u>Messias</u> (chamado O <u>Cristo</u>) está para vir. Quando ele vier, explicará tudo para nós". Então Jesus declarou: "Eu sou o Messias! Eu, que estou falando com você". Então, deixando o seu cântaro, a mulher voltou à cidade e disse ao povo: "Venham ver um homem que me disse tudo o que tenho feito. Será que ele não é o Cristo?" **(João 4:25-26,28-29)**

Voltando às perguntas que Jesus fez aos seus discípulos sobre quem era, a pergunta que quase todos responderam foi *"quem os homens dizem que é o filho do homem?"* **(Mateus 16:13)**. *"Eles disseram: uns dizem que é João Batista; outros, Elias; e outros, Jeremias, ou um dos profetas"* **(v14)**. Mas quando Jesus os perguntou: *"E vocês quem dizem que Eu sou?"* **(v15)** todos ficaram em silêncio. Na realidade, ele estava dizendo: "eu quero saber quem vocês acreditam que eu sou. Não me interessa o que o mundo pensa. Preciso saber o que os meus discípulos pensam de mim; porque vocês conhecem as escrituras, tem visto os milagres e tem andado comigo todos estes anos".

Pedro teve a coragem de responder esta pergunta. *"Respondendo Simão Pedro, disse: tu és o cristo o filho do deus vivo"* **(v16)**.

Essa resposta estava a correta! Todos nós devemos ter essa revelação de quem é Jesus, assim como Pedro fez.

RESPONDA
Para você o que é revelação?
Separe alguns minutos para escrever a sua resposta.

_____
_____
_____
_____

Para conhecer quem é jesus <u>necessitamos de revelação</u>, porque o conhecimento de cristo vem diretamente do espírito santo nosso espírito. Não vem por conhecimento humano, por estudar teologia ou fazer um seminário. Com a mente só podemos conhecer a um jesus histórico. Porém, <u>nosso espírito transcende o saber humano e reconhece o filho de deus</u> que esteve presente no momento da criação (veja gênesis 1:26). sem essa revelação não podemos nascer de novo e nem ser transformados. Jesus disse:

Muitos me dirão naquele dia: 'Senhor, Senhor, não profetizamos nós em teu nome? Em teu nome não expulsamos demônios e não realizamos muitos milagres?' Então eu lhes direi claramente: 'Nunca os conheci. Afastem-se de mim vocês, que praticam o mal!'" *(Mateus 7:22,23)*

Como vemos nas escrituras, ontem como hoje, há homens que fazem milagres, expulsam demônios sem conhecer a Jesus. Eles não estão submetidos ao Senhorio de Cristo e nem têm relacionamento com Ele. Na passagem acima, aqueles homens expulsavam demônios em nome de Jesus, a quem não conheciam nem tiveram revelação de quem Ele era. Por isso, Jesus os rejeitou dizendo: *"Nunca os conheci; aparta de mim, vós que praticam o mal"* **(v23)**.

As grandes religiões do mundo não necessitam que seus seguidores tenham uma relação pessoal com seu fundador nem que estejam submetidos a ele. Além do mais, todos esses líderes estão mortos, mas o cristianismo é diferente. Aqui você tem que reconhecer Jesus (o fundador) como seu Senhor e Salvador, e deve ter uma relação pessoal com Ele; caso contrário não funciona.

O fundamento do cristianismo é Jesus de Nazaré, fora dEle nada existe.

RESPONDA
Qual é a grande diferencia entre o cristianismo e outras religiões?

Separe alguns minutos para escrever a sua resposta.

_____

_____

_____

CONCLUSÃO

Estes são os dias em que você deve saber quem é Jesus. Você e Jesus, como também sua família, necessitam ter uma experiência pessoal com o Filho do Homem, o Messias ungido pelo pai para ter a vida eterna.

E a vida eterna é esta: que te conheçam, a ti só, por único Deus verdadeiro, e a Jesus Cristo, a quem enviaste. **(João 17:3)**

TESTEMUNHO

O testemunho a seguir é o testemunho de Sandeep, um empresário hindú de 33 anos, pai de família, que acreditava em seus deuses, mas necessitava de um milagre que somente Jesus pode dar:

"Nasci em uma família hindu e, aos quatorze anos, meu tio me apresentou à imoralidade sexual. Isso me encheu de medo e me isolou de amigos e família. Eu não poderia compartilhar isso com ninguém, exceto meus pais. Eu estava preso sem ajuda! o tempo passou e eu não conseguia impedir a imoralidade, apesar de meus melhores esforços. Assim que comecei a procurar uma solução consultando ídolos e astrólogos. Passei três anos estudando astrologia. Eu li horóscopos, usei pedras astrológicas, mantras, rituais, mas nada funcionou. A astrologia dá um diagnóstico do problema, mas não fornece um remédio. Entretanto, a crise nos negócios da família levou-me aos Estados Unidos em busca de novas oportunidades. aí, jesus começou a se revelar por meio de circunstâncias e pessoas, repetidas vezes. outra vez. Eu era um hindu devoto e estava fugindo dos cristãos, mas continuei procurando a verdade e uma saída. Por um ano eu rezei para "Saiba" (um deus hindu) sem obter nenhuma resposta. então eu me encontrei com um amigo de infância da Índia que era cristão. Deus usou-o para revelar Jesus para mim. Reconhecendo que Jesus é a verdade e que Ele havia me alcançado com seu amor, comecei a chorar e entreguei-lhe a minha vida. Tudo o que sei é que, quando clamei a Deus, Jesus apareceu. Ele me livrou da imoralidade sexual e da idolatria. Hoje sei que Jesus é o caminho, a verdade e a vida. por Sua graça estou abençoado e felizmente casado com uma mulher maravilhosa, e ambos o servimos a Deus".

PERGUNTAS FINAIS

- Qual a revelação que você tem agora sobre quem é Jesus?
- Está pronto para ter um encontro pessoal com seu Salvador?
- Quer reconhecer a Jesus como seu Senhor e Salvador?

O processo do novo convertido

ATIVAÇÃO

- O professor guiará os alunos a fazerem uma confissão de fé para afirmar sua fé em Cristo, que é o Filho de Deus e o Messias. Peça-lhes que repitam em voz alta:

"Pai celestial, eu reconheço que sou um pecador e que meu pecado me separa de ti. Me arrependo de todos os meus pecados e confesso com minha boca e creio com meu coração que Deus o Pai levantou a Jesus dentre os mortos, pelo poder de seu Espírito Santo. Senhor Jesus, entra em meu coração e transforma minha vida. O dia que eu morrer e abrir meus olhos, sei que estarei em teus braços. Amém!"

- Em seguida os levará a fazer o compromisso de buscar a Deus em oração todos os dias a fim de ter um encontro pessoal que possam trazer a revelação de quem é Jesus agora.

TAREFA

- Revise estes pontos importantes da aula:
    - As pessoas não conhecem Jesus porque satanás tem cegado seu entendimento.
    - Esta geração necessita de evidências visíveis e tangíveis para crer em Jesus. Necessita conhecer ao Jesus de agora, não só o Jesus histórico.
    - Jesus é o Filho do Deus vivo.
    - Jesus veio a terra para salvar aqueles que estão perdidos por causa do pecado, e reconciliá-los com o Pai Celestial.
    - "Messias" quer dizer ungido, Senhor, Rei e governante que veio salvar ao povo Deus.
    - Necessitamos da revelação de quem é Jesus. Nossa mente não consegue entender; somente nosso espírito com a revelação do Espírito Santo.
    - A diferença entre o cristianismo e as outras religiões é que os fundadores das outras religiões estão mortos; mas Jesus, o Cristo está vivo.
    - Nenhuma religião reivindica relação com seu fundador; porém não há cristianismo sem um relacionamento com Jesus.

Crescendo para dentro

- Leia o evangelho de João, capítulo 1, e depois responda as seguintes perguntas:
    - Quem é "o verbo"?
    - Quem é o cordeiro de Deus?
    - O que o cordeiro de Deus faz?
    - Quem é João Batista?

- Você tem alguma necessidade especial? Você precisa de um milagre? Precisa de uma intervenção de Deus? Apresente agora mesmo a Deus em oração. Ore a seguinte oração, em voz alta:

"Pai Celestial, venho a ti como teu filho, agradecendo-te pelo dom da salvação por meio de Teu Filho Jesus Cristo. Eu quero ser um discípulo de Jesus. Eu quero ter revelação sobre quem Ele é e o que o que ele fez por mim. Senhor, abra meus olhos para as coisas espirituais. Dá-me entendimento na tua palavra. Eu te peço Senhor...

[Inclua aqui seu pedido ao Senhor] ...

... Eu te agradeço Pai por me ouvir. No nome de Jesus. Amém".

- Compartilhe com seus familiares, amigos e outras pessoas o que aprendeu nessa lição. Convide-os para que assistam com você a próxima aula.

Aula 2

A Revelação De Jesus - II

METAS

- Que os alunos recebam mais revelação de quem é Jesus, o Filho do Deus vivo e a rocha principal da igreja.

- Que o aluno aprenda que Jesus derrotou satanás e o reino das trevas, trazendo o reino de Deus à terra.

Este ensinamento foi recebido da parte de Deus pelo apóstolo Guillermo Maldonado, com o propósito de transformar as vidas de quem receber. O professor deve se apegar aos objetivos e conteúdo de cada aula, ensinando 45 minutos e ministrando 15 minutos. Seguir estas instruções trará disciplina ao professor e mudança radical para todos.

A Revelação De Jesus - II

REVISÃO DA AULA ANTERIOR

- Esta geração necessita ter a revelação de quem é Jesus, especialmente agora.

- Em Mateus 16 Jesus pergunta aos seus discípulos quem as pessoas dizem que Ele é. Eles respondem: Uns dizem que é João Batista ou algum outro profeta.

- Jesus foi mais direto e perguntou: quem vocês creem que eu sou?

- Jesus buscava alguém com uma resposta revelada pelo Espírito Santo. Por isso se alegrou quando Pedro disse: "Tu és o Cristo o filho do Deus vivo".

- Jesus respondeu, "Bem- aventurado é, Simão (…) porque não te revelou carne e nem sangue, mas meu pai que está nos céus" (Mateus 16:17). em outras palavras, estava dizendo, "Pedro, isso não veio porque você leu os pergaminhos dos profetas, ou porque estudou com um mestre grego, mas porque o Espírito Santo te revelou".

RESPONDA

Será possível conhecer ao filho de Deus sem que o Espírito Santo o revele a você? Explique a sua resposta.

Separe alguns minutos para escrever a sua resposta.

AGENDA | CLASE DE LÍDERES

- **15m** Adoração / Preparar ambiente
- **60m** Enssino
- **10m** Oferta / Conectar com a classe
- **20m** Ministração e ativação
- **05m** Anúncios e despedida
- **TOTAL: 1 Hr. e 50m.**

É O ESPÍRITO SANTO É O ÚNICO QUE NOS REVELA A JESUS?

A resposta é sim. Sem o Espírito Santo não teremos a revelação de Jesus. De fato, esse é um dos propósitos do qual foi enviado a terra.

> *Mas, quando vier aquele Espírito de verdade, ele vos guiará em toda a verdade; porque não falará de si mesmo, mas dirá tudo o que tiver ouvido, e vos anunciará o que há de vir. Ele me glorificará, porque há de receber do que é meu, e vo-lo há de anunciar.* **João 16:13-14**

Ninguém poderá entender o nascimento de Jesus, sua identidade, caráter, ministério, morte, ressurreição e ascensão aos céus, se o Espírito Santo não se revelar. Ele é o único que esteve presente em cada acontecimento divino, desde a eternidade e até a eternidade.

COMO SABER SE TEMOS A REVELAÇÃO DE JESUS?

Como estabelecemos antes, existem muitos cristãos "teóricos", porque Jesus não foi revelado em seu coração. Essas pessoas não tiveram uma experiência com o Filho de Deus, por isso não experimentam mudanças em sua forma de ser. Nem apreciam a vida abundante que vem quando encontramos a Jesus. Se Jesus não é revelado pelo Espírito Santo a nosso espírito, só teremos informações.

Então como sabemos se temos recebido a revelação? Porque a revelação traz transformação, manifestação e aceleração a nossa vida. Quando a igreja tem revelação de quem é Jesus, milhões são salvos, curados, mudados e transformados. Ninguém escapa do poder de Deus! Ricos, pobres, líderes de países, políticos, advogados, contadores, médicos, cientistas, atletas, músicos, trabalhadores, pais de família etc., são tocados, transformados, e tudo em sua vida é acelerado.

Não pode haver novo nascimento até que Jesus seja revelado em nosso coração

---

JESUS É O FILHO DO DEUS VIVO

O Espírito Santo revelou a Pedro quem era Jesus: *"Respondendo Simão Pedro, disse: Tu és o Cristo, o filho do Deus vivo"* **(Mateus 16:16).** Como aprendemos no capítulo anterior, o termo "Cristo" em grego equivale a Messias, e significa Governante, Rei, Senhor, Ungido. O "Messias" é o "filho do Homem"; essa é a sua humanidade, mas Jesus não só é o Cristo, mas também é o "Filho de Deus", como afirmou Pedro.

Nenhum outro Homem pode dizer a si mesmo que é o filho de Deus vivo; só Jesus. Esse título simboliza sua divindade. Quando as pessoas viam Jesus fazer milagres, reconheciam que ele era "o Filho de Deus". Por exemplo quando viram ele caminhar sobre as águas e acalmar ao vento.

Então aproximaram-se os que estavam no barco, e adoraram-no, dizendo: És verdadeiramente o Filho de Deus. **Mateus 14:33**

RESPONDA
Por que você acredita que crucificaram a Jesus?

Separe alguns minutos para escrever a sua resposta.

_____

_____

_____

_____

Os líderes religiosos daquele tempo crucificaram Jesus, não por fazer milagres, mas por <u>dizer que era o Filho de Deus.</u>

Eles não tiveram a revelação do Espírito Santo; caso contrário, nunca teriam crucificado ao Filho de Deus. Isso foi o que aconteceu quando prenderam Jesus e O levaram diante do sumo sacerdote, os anciões e escribas:

Mas ele calou-se, e nada respondeu. O sumo sacerdote lhe tornou a perguntar, e disse-lhe: <u>És tu o Cristo,</u> Filho do Deus Bendito? E Jesus disse-lhe: <u>Eu o sou,</u> e vereis o Filho do homem assentado à direita do poder de Deus, e vindo sobre as nuvens do céu. E o sumo sacerdote **Marcos 14:61-63**

POR QUE ELES FICARAM OFENDIDOS QUANDO JESUS DIZIA QUE ERA O FILHO DE DEUS?

Porque a falta de revelação traz consigo familiaridade. Talvez muitos tenham conhecido a seus pais, o viram brincar com seu irmão, até mesmo alguns o viram ajudando na carpintaria de José. Tudo isso os levaria a ver Jesus como um homem igual a eles.

Por outro lado, a palavra de "Deus" não é um nome, mas um título que se refere a um ser autossuficiente e autoexistente. Significa que não depende de nada nem de ninguém para existir. Jesus é Deus! É o "Eu sou" o todo poderoso, o autossuficiente, a fonte original de vida, mas, também, possui outros atributos divinos como ser onipresente, onisciente e onipotente.

Eu sou o Alfa e o Ômega, o princípio e o fim, diz o Senhor, que é, e que era, e que há de vir, o Todo-Poderoso. **Apocalipse 1:8**

- **Jesus tem vida em si mesmo:**

Porque, como o Pai tem a vida em si mesmo, assim deu também ao Filho ter a vida em si mesmo; **(João 5:26)**

- **Jesus compartilha a mesma natureza com Deus o pai e o Espírito Santo em sua pré-existência.**

O qual é imagem do Deus invisível, o primogênito de toda a criação; Porque nele foram criadas todas as coisas que há nos céus e na terra, visíveis e invisíveis, sejam tronos, sejam dominações, sejam principados, sejam potestades. Tudo foi criado por ele e para ele. E ele é antes de todas as coisas, e todas as coisas subsistem por ele. **Colossenses 1:15-17**

- **O filho, é igual ao pai, és imutável:**

Jesus Cristo é o mesmo, ontem, e hoje, e eternamente. **(Hebreus 13:8)**

JESUS É A PEDRA FUNDAMENTAL

Portanto assim diz o Senhor DEUS: Eis que eu assentei em Sião uma pedra, uma pedra já provada, pedra preciosa de esquina, que está bem firme e fundada; aquele que crer não se apresse. **Isaías 28:16**

Jesus é a pedra angular escolhida por Deus para ser o fundamento de Seu povo. Nos três anos e meio que caminhou na terra foi provado ao máximo, em tentações, perseguições e obediência. Em todas as provas permaneceu fiel e nunca foi contra a vontade de Seu pai.

Por isso também na Escritura se contém: Eis que ponho em Sião a <u>pedra principal da esquina</u>, eleita e preciosa; e quem nela crer não será confundido. E assim para vós, os que credes, é preciosa, mas, para os rebeldes, a pedra que os edificadores reprovaram, essa foi a <u>principal da esquina</u>, **1 Pedro 2:6-7**

RESPONDA
Por que Jesus é considerado a pedra angular da Igreja?

Separe alguns minutos para escrever a sua resposta.

_____

_____

_____

Ao citar a palavra do profeta Isaías, o Apóstolo Pedro demonstrou que essa profecia se aplicava a Jesus. Como podemos provar isso? Porque depois de estabelecer em Mateus 16 que a resposta de Pedro havia sido revelada pelo Espírito Santo, Jesus disse a ele:

Pois também eu te digo que tu és <u>Pedro</u>, e sobre esta <u>pedra</u> edificarei a minha igreja, e as portas do inferno não prevalecerão contra ela; **Mateus 16:18**

A palavra "Pedro" vem do grego "<u>petros</u>" e significa "pequena pedra", mas quando Jesus disse "E sobre esta pedra" ele usa a palavra grega "<u>petra</u>" que significa "grande rocha", uma montanha rochosa ou um penhasco. Como vimos Jesus não estava se referindo a Pedro, mas a si mesmo: "Sobre essa "petra"; quer dizer, sobre esta grande rocha, sobre esta pedra angular ou sobre esta pedra fundamental, Eu, o Messias, O filho do Deus vivo, edificarei a minha igreja".

Até mesmo o apóstolo Paulo se refere a Jesus como a pedra fundamental quando ele diz: *"Assim que já não sois estrangeiros, nem forasteiros, mas concidadãos dos santos, e da família de Deus; Edificados sobre o fundamento dos apóstolos e dos profetas, de que Jesus Cristo é a principal pedra da esquina;* **Efésios 2:19-20**

O processo do novo convertido

> *A igreja não está fundamentada no conhecimento,
> tradições, educação ou sabedoria humana,
> mas na revelação de quem é Jesus.*

RESPONDA
Como você definiria a igreja de cristo?
Separe alguns minutos para escrever a sua resposta.

_____

_____

_____

_____

A igreja de Cristo não é um grupo religioso, mas uma embaixada do reino de Deus na terra. Ela luta contra satanás - o adversário - para ganhar e manter esse território, avançar o reino dos céus tirar do inimigo almas que estavam destinadas a ir ao inferno, levando-as ao conhecimento revelado de Jesus Cristo.

JESUS VENCEU A MORTE

Sem dúvida, a ressurreição de Jesus é o acontecimento mais importante de todos os tempos, e um do mais comprovados historicamente. A Bíblia mostra que ao terceiro dia após sua crucificação Ele ressuscitou dos mortos, e nos próximos quarenta dias foi visto por muitas testemunhas. O apóstolo Paulo informou aos coríntios que, depois de sua morte, Jesus *"foi sepultado e ressuscitou ao terceiro dia, segundo as Escrituras, e apareceu a Pedro e depois aos Doze. Depois disso apareceu a mais de quinhentos irmãos de uma só vez, a maioria dos quais ainda vive, embora alguns já tenham adormecido. Depois apareceu a Tiago e, então, a todos os apóstolos; depois destes apareceu também a mim, como a um que nasceu fora de tempo.* **1 Coríntios 15:4-8**

Além disso, a carta aos Hebreus reafirma a vitória de Jesus sobre a morte.

> *E, visto como os filhos participam da carne e do sangue, também ele participou das mesmas coisas, <u>para que pela morte aniquilasse</u> o que tinha o império da morte, isto é, o <u>diabo.</u>* **Hebreus 2:14**

Observe que nenhum outro líder religioso na história da humanidade, e nenhuma outra pessoa ressuscitou dos mortos para viver para sempre, como fez Jesus. Ele é o único que tem esse testemunho.

> *...Eu sou o primeiro e o último; E o que vivo e fui morto, mas eis aqui estou vivo para todo o sempre. Amém. E tenho as chaves da morte e do inferno.* **Apocalipse 1:17-18**

A ressurreição de Jesus mostra que a morte não tem autoridade sobre Ele. Ao morrer e ressuscitar, Jesus derrotou, destruiu, desarmou, e destronou satanás:

> *E, despojando os principados e potestades, os expôs publicamente e deles triunfou em si mesmo.* **Colossenses 2:15**

RESPONDA

Se tivesse que escolher qual é o evento mais importante da história, em que lugar colocaria a ressurreição de Jesus, e por quê?

Separe alguns minutos para escrever a sua resposta.

_____

_____

_____

_____

É por isso que Jesus disse à igreja. *"E eu te darei as chaves do reino dos céus; e tudo o que ligares na terra será ligado nos céus, e tudo o que desligares na terra será desligado nos céus."* **(Mateus 16:19)**

As chaves representam a autoridade de Deus. Quando temos revelação da pessoa de Jesus, temos as chaves e a autoridade para ligar e soltar como Seus representantes legais na terra. Tudo o que declaramos ilegal na terra será declarado ilegal nos céus. As portas do inferno não prevalecerão contra a igreja.

Declararmos ilegais as obras do diabo porque ele já foi derrotado. Você pode dizer: "Eu amarro e proíbo doenças no meu corpo" ou "Declaro ilegal a pobreza em minha casa". Declaro e libero bênçãos de Deus sobre em minha casa, minha família e meus filhos, pela vitória de Jesus. Amém!

CONCLUSÃO

Jesus é a Pedra Fundamental sobre a qual Ele edifica a Sua igreja. O Filho de Deus é a base de tudo. Por isso, não podemos colocá-Lo na mesma categoria de Buda, Maomé, Confúcio ou outro líder já pisou na terra. Deus os criou e todos eles morreram, mas Jesus está vivo! Nós só necessitamos da revelação de quem é Jesus agora, e nada poderá nos resistir.

TESTEMUNHO

Ricardo é um jovem cubano, casado, e proprietário de uma empresa lavagem automotiva; além disso, é policial formado. Este é o seu testemunho:

"Fugi do regime cubano em uma jangada; arriscando minha vida em busca de um futuro melhor. Eu era um menino humilde inocente e honroso, mas quando fiz 22 anos, comecei a frequentar os clubes de Miami, onde provei pela primeira vez a droga. Assim, comecei uma vida de vício e com ela veio a falta de controle. Passei dia e noite no clube, aprendendo tudo o que não deveria. Tornei-me um trapaceiro e magoei muita gente. Um dia, em uma festa, misturei três tipos de drogas e tive um apagão cardíaco. Eu caí como morto. Poucos são salvos depois de uma overdose; no entanto, Jesus me levantou. Esse tipo de vida afetou muito minha família. Minha mãe teve câncer e meu pai recebeu diagnóstico de três meses de vida por causa de um tumor no sistema nervoso central. Até então, eu tinha caído em depressão total. Eu tentei me matar duas vezes, mas não tinha forças para fazê-lo. Até que um dia, um amigo que costumava "ficar chapado" comigo me convidou para ir à igreja. Naquele dia eu senti que todas as palavras do pastor foram dirigidas a mim; era como se lá não houvesse mais ninguém. Meu amigo agarrou meu braço e me levou ao altar, onde oraram por mim. Algo aconteceu dentro de mim. Jesus entrou em minha vida e se revelou como meu salvador, libertador, restaurador que me curou! A presença de Deus trouxe lágrimas aos meus olhos, e chorando fui pedir perdão a minha mãe. A partir de aí minha vida se endireitou. Terminei o ensino médio e comecei minha carreira de policial. Hoje, além da minha profissão, tenho um negócio próprio. Me casei e formei uma linda família. Já não tenho vícios e há paz em meu coração.

Graças a uma mudança tão grande que viram em mim, meus pais também se converteram ao cristianismo. Minha vida mudou radicalmente no dia em que o encontrei com o Cristo Ressuscitado!"

PERGUNTAS FINAIS

Por favor, responda as seguintes perguntas:

- Qual é um dos propósitos do Espírito Santo?
- Quem é a pedra principal da igreja e por quê?
- Qual a diferença entre Jesus e outros líderes religiosos?
- O que representam as chaves do reino?

ATIVAÇÃO

- O professor conduzirá os alunos na oração para pedir ao Espírito Santo que se manifeste e traga revelação de quem é Jesus.
- Treine os alunos a orar ligando e desligando.

TAREFA

- Revise estes pontos importantes da aula:
  - O proposito do Espírito Santo é revelar Jesus.
  - Temos revelação quando nossa vida é transformada e acelerada.
  - A revelação de Jesus é que ele é o filho do Deus vivo, a Pedra Fundamental da igreja, quem derrotou a satanás.
  - A diferença entre Jesus e outros líderes religiosos é que todos estão mortos; enquanto Jesus está vivo!
  - Os líderes religiosos queriam que Jesus fosse crucificado porque Ele afirmou ser o filho Deus.
  - A palavra "Deus" é um título; significa ser autossuficiente, autoexistente, onipresente, onisciente e onipotente.
  - A igreja é representante legal da autoridade de Cristo e tem poder para ligar e desligar na terra.
  - As chaves do reino representam a autoridade de Deus.

- Você tem alguma necessidade especial? Você precisa de um milagre? Precisa de uma intervenção de Deus? Apresente-se agora a Deus e aceite-o em oração.

- Ore a seguinte oração, em voz alta:

"Pai celestial. Obrigado por enviar a Teu Espírito Santo para revelar a mim quem é Jesus. Eu creio que Jesus ressuscitou dentre os mortos, vencendo assim o diabo e a morte. Jesus, o Senhor tem as chaves do reino dos céus. O senhor tem poder, e eu reconheço Sua autoridade sobre minha vida. Te peço Senhor...

(inclua aqui o seu pedido. Pode "Ligar" ou declarar ilegal toda ação do diabo em sua vida. Não esqueça "liberar" benção sobre a sua vida e a vida dos outros).

... Eu declaro em nome de Jesus! Amém".

- Leia o capítulo 4 do livro de Mateus e responda as perguntas a seguir:
  - Onde Jesus foi para ser tentado??
  - Quem levou Jesus a esse lugar?
  - Quem veio tentar a Jesus?
  - Que título o tentador usou para se referir a Jesus?
  - Quem saiu vitorioso desse encontro?
  - O que Jesus pregou? (Veja o versículo 17)
  - Qual era o ministério de Jesus? (Veja os versículos 23 e 24)

Aula 3

A Experiência Do Novo Nascimento

METAS

- Que os alunos conheçam a diferença entre o Novo Nascimento e o batismo no Espírito Santo e desejem esse batismo.

- Que eles também se tornem testemunhas de Jesus, capacitados para curar os enfermos, libertar os cativos e expulsar os demônios.

Este ensinamento foi recebido da parte de Deus pelo apóstolo Guillermo Maldonado, com o propósito de transformar as vidas de quem receber. O professor deve se apegar aos objetivos e conteúdo de cada aula, ensinando 45 minutos e ministrando 15 minutos. Seguir estas instruções trará disciplina ao professor e mudança radical para todos.

A Experiência Do Novo Nascimento

REVISÃO DA AULA ANTERIOR

- É importante ter <u>revelação</u> da pessoa de Jesus
- Esta geração necessita de <u>evidências</u> de que Jesus é o filho de Deus, e que ele <u>está vivo</u> hoje.
- Jesus é o <u>Messias</u> Ungido, Soberano, Rei e Senhor de tudo.
- Só o cristianismo pode dizer que <u>seu fundador</u> - Jesus de Nazaré - <u>está vivo</u>; nenhuma religião pode dizer o mesmo.
- Para ser cristão é necessário ter uma <u>relação</u> pessoal com seu fundador.

AGENDA | CLASE DE LÍDERES

15m Adoração / Preparar ambiente
60m Enssino
10m Oferta / Conectar com a classe
20m Ministração e ativação
05m Anúncios e despedida
TOTAL: 1 Hr. e 50m.

Hoje aprenderemos em que consiste o novo nascimento e o que ele difere com o batismo do Espírito Santo.

RESPONDA
Como você acha que uma pessoa pode obter perdão dos pecados?
Separe alguns minutos para escrever a sua resposta.

_____
_____
_____

No antigo testamento só havia "expiação" dos pecados. Esta palavra descreve a ação de <u>"cobrir"</u> o pecado, algo que se fazia uma vez no ano sacrificando animais. Em vez disso, Jesus veio *redimir* nossos pecados por meio da obra consumada da cruz. Redimir é "apagar" algo completamente; também significa cancelar, liberar e perdoar de uma vez por todas. (Veja Hebreus 9:12).

Assim que, se alguém está em Cristo, nova criatura é; as coisas velhas já passaram; eis que tudo se fez novo. **2 Coríntios 5:17**

Quando estamos em Cristo, o pecado deixa de existir.

ENTÃO, POR QUE EXISTEM CRISTÃOS NÃO TRANSFORMADOS?

Porque eles dizem "não" a Deus. No momento em que nascemos de novo, a santidade de Jesus em nós nos leva a odiar o que Ele odeia; e Ele não tolera o pecado. Como funciona isso? Deus nos revela coisas que devemos mudar, mas nós dizer "sim" a Deus; que estamos dispostos a mudar; e Ele nos dá força para mudar. Nenhum homem pode ser transformado se ainda estiver em pecado. No entanto, muita gente quer ser salva, mas ainda querem continuar no pecado.

Jesus não só fez a expiação do pecado, mas tendo nos redimido deles, nos transformou em novas criaturas pela palavra e pelo Espírito.

Nenhum homem pode receber perdão ou remissão dos pecados a menos que ele se arrependeu. Essa é a razão pela qual alguns continuam em pecado, porque não se arrependeram genuinamente. Se você realmente se arrepende, o próximo passo o levará a morrer para a sua natureza pecaminosa. Amará a santidade, odiará o pecado, e então, virá a transformação.

RESPONDA
Você acha que realmente se arrependeu dos seus pecados, ou ainda há coisas das quais tem que se arrepender?

Separe alguns minutos para escrever a sua resposta.

O QUE SIGNIFICA NASCER DE NOVO?

Significa que todo o mal que herdamos devido a queda do homem foi perdoado, removido e apagado de nossa história espiritual. Somos santificados e justificados pelo Sangue de Cristo e a fé no Filho de Deus. Espiritualmente ficamos tão limpos, como se o pecado nunca houvesse existido em nossa vida. De fato, nosso espírito fica alinhado ao coração do Pai.

> *Jesus respondeu: Na verdade, na verdade te digo que aquele que não nascer da água e do Espírito, não pode entrar no reino de Deus. O que é nascido da carne é carne, e o que é nascido do Espírito é espírito.* **João 3:5-6**

O NOVO NASCIMENTO

Com o primeiro nascimento – que é o natural - carregamos defeitos quem vem da família. O novo nascimento- é do Espírito - é um milagre espiritual. Neste segundo nascimento não há defeitos, porque Deus corta o cordão umbilical que nos mantinha preso a linhagem de nossos pais, e nos conecta a linhagem de Jesus. Significa que se, por exemplo, há alguma enfermidade arraigada, produzida pelo pecado dos nossos antepassados, legalmente é arrancada pela raiz e expulsa das nossas vidas. Para experimentar isso, só necessitamos que a obra da cruz seja realizada em nós.

> *Agora, quero que tenha isso em mente porque pode acontecer com você. Quando o inimigo te ataca com uma doença, escravidão espiritual ou tentação de pecar, deve saber que esse ataque vem de fora; ele não está ligado ao vínculo familiar. Como você deve agir? Esta é a resposta bíblica: Sujeitai-vos, pois, a Deus, resisti ao diabo, e ele fugirá de vós.* **Tiago 4:7**

O poder do novo nascimento está em que tudo se faz novo.

> *Assim que, se alguém está em Cristo, nova criatura é; as coisas velhas já passaram; eis que tudo se fez novo.* **2 Coríntios 5:17**

JESUS TEVE QUE NASCER DE NOVO?

E disse Maria ao anjo: Como se fará isto, visto que não conheço homem algum? E, respondendo o anjo, disse-lhe: Descerá sobre ti o Espírito Santo, e a virtude do Altíssimo te cobrirá com a sua sombra; por isso também o Santo, que de ti há de nascer, será chamado Filho de Deus. **Lucas 1:34-35**

Como homem, Jesus foi gerado pelo Espírito Santo e nasceu com uma natureza santa. Jesus esteve conectado com o Espírito Santo durante toda a sua vida na terra; desde seu nascimento até a sua morte e ressurreição. Portanto, podemos afirmar que Jesus não teve que nascer de novo; sempre teve uma vida santa e sem pecado.

Quando nascemos de novo, nascemos do Espírito, assim como Jesus nasceu.

RESPONDA
Baseado no que você aprendeu, dizer que uma pessoa nasceu de novo é dizer que ela nasceu do espírito?

Separe alguns minutos para escrever a sua resposta.

_____

_____

_____

_____

Depois do sopro da vida (pelo qual nascemos do ventre de nossa mãe), cada crente recebe dois sopros de Deus: O primeiro sopro é o do Novo Nascimento. Esse sopro nos torna novas criaturas, somos salvos, filhos de Deus, vamos ao céu e nosso nome está escrito no livro da vida. O segundo sopro vem quando somos batizados no Espírito Santo. Este nos capacita para sermos testemunhas de Jesus e fazer milagres.

NASCER DO ESPÍRITO VERSUS SER BATIZADO NO ESPÍRITO

A diferencia entre nascer do Espírito e ser Batizado no Espírito está na qualificação ou aprovação que cada sopro de Deus nos dá:

Crescendo para dentro

- **Nascer do Espírito** nos qualifica para entrar no Reino. Quando nascemos de novo, nosso coração caráter e natureza são transformados.

Jesus respondeu, e disse-lhe: Na verdade, na verdade te digo que aquele que não <u>nascer de novo</u>, não pode ver o reino de Deus.
João 3:3

Disse-lhe Nicodemos: <u>Como pode um homem nascer, sendo velho?</u> Pode, porventura, tornar a entrar no ventre de sua mãe, e nascer? Jesus respondeu: Na verdade, na verdade te digo que aquele que não nascer da água e do Espírito, não pode entrar no reino de Deus. O que é nascido da carne é carne, e o que é nascido do Espírito é espírito. Não te maravilhes de te ter dito: Necessário vos é nascer de novo. O vento assopra onde quer, e ouves a sua voz, mas não sabes de onde vem, nem para onde vai; assim é todo aquele que é nascido do Espírito. **João 3:4-8**

- **Ser batizado no Espírito** nos qualifica para <u>andar no sobrenatural</u>. Não há nas escrituras nada que afirme que Jesus realizou milagres antes de ser batizado no Espírito Santo.

E aconteceu que, como todo o povo se batizava, sendo batizado também Jesus, orando Ele, o céu se abriu; E o <u>Espírito Santo desceu sobre ele</u> em forma corpórea, como pomba; e ouviu-se uma voz do céu, que dizia: Tu és o meu Filho amado, em ti me comprazo. **Lucas 3:21-22**

<u>Então, pela virtude do Espírito, voltou Jesus</u> para a Galileia, e a sua fama correu por todas as terras em derredor. E ensinava nas suas sinagogas, e por todos era louvado. **Lucas 4:14-15**

Mas <u>recebereis a virtude do Espírito Santo, que há de vir sobre vós</u>; e ser-me-eis testemunhas, tanto em Jerusalém como em toda a Judeia e Samaria, e até aos confins da terra. **Atos 1:8**

Jesus havia nascido do Espírito, mas <u>não pode testemunhar com milagres e poder até que fosse batizado</u>. O mesmo acontece conosco; se nascermos de novo com certeza iremos para o céu sermos salvos. Enquanto não somos batizados no Espírito Santo, não estaremos autorizados para testemunhar e agir no sobrenatural de Deus.

O processo do novo convertido

> *Jesus nasceu do Espírito, mas no Jordão foi batizado nas águas e no Espírito Santo.*

POR QUE NÃO PODEMOS TESTEMUNHAR SEM O BATISMO NO ESPÍRITO SANTO?

Porque Seu poder é a única coisa que nos dá a capacidade de provar que o que dizemos é verdade. Quando somos batizados no Espírito Santo somos ungidos com habilidade e poder divinos para fazer coisas impossíveis, como milagres, sinais, maravilhas, abrir os olhos dos cegos e os ouvidos dos surdos, ressuscitar mortos expulsar demônios.

> *Quem crer e for batizado será salvo; mas quem não crer será condenado. E estes sinais seguirão aos que crerem: Em meu nome expulsarão os demônios; falarão novas línguas; pegarão nas serpentes; e, se beberem alguma coisa mortífera, não lhes fará dano algum; e porão as mãos sobre os enfermos, e os curarão.*
> **Marcos 16:16-18**

Infelizmente, a maioria das denominações acredita na experiência do Novo Nascimento, mas não acreditam no batismo do Espírito Santo. Essas pessoas nunca serão capazes de testemunhar de Jesus nem demonstrar seu poder para fazer milagres.

Tudo o que Jesus fez em seu ministério enquanto esteve na terra foi ungido pelo Espírito Santo. Ele escolheu viver sob as restrições de um homem, e como tal, foi ungido com o poder do Espírito Santo para abrir os olhos dos cegos, levantar mortos, caminhar sobre as águas e muito mais.

RESPONDA
O que você acha que falta para fazer o mesmo que Jesus fez?

Separe alguns minutos para escrever a sua resposta.

_____
_____
_____
_____
_____

Todo aquele que recebe poder do Espírito Santo tem a mesma capacidade, potencial e habilidade de fazer o mesmo que Jesus fez. Só tem que ser ungido pelo Espírito de Deus, tal como Jesus foi ungido.

> ***Jesus não fez nada sobrenatural até que foi batizado no Espírito Santo.***

Na verdade, na verdade vos digo que aquele que crê em mim também fará as obras que eu faço, e as fará maiores do que estas, porque eu vou para meu Pai. **João 14:12**

CONCLUSÃO

Todos os homens e mulheres nasceram no pecado, é por isso que precisam nascer de novo, do Espírito. Para isso, devem se arrepender, mudar a mente e se submeter ao processo de purificação do Espírito Santo, mas a obra e o plano de Deus não terminam aí. Ele quer capacitar a cada um de seus filhos com seu poder sobrenatural para curar, libertar, expulsar demônios estender o seu reino na terra. Isso só é possível se formos batizados no Espírito Santo. Este é o desfaio que Deus nos apresenta hoje. Você já recebeu a Jesus em seu coração pela convicção do Espírito Santo e se arrependeu de seus pecados, e está disposto a submeter-se ao processo de purificação do Espírito? Hoje é tempo de dar um passo a mais e comprometer-se com esse processo.

TESTEMUNHO

Meu nome é Chrisy Rivera, tenho 23 anos e minha história foi muito difícil. Meu pai me rejeitou quando nasci e minha mãe me abandonou quando eu tinha três anos. Nessa época meu pai estava preso, então minha avó me criou. Aos seis anos fui estuprada e isso marcou muito a minha vida. Quando meu pai saiu da cadeia fui morar com ele, mas era impossível me ajustar ao seu estilo de vida. Comecei a procurar uma saída nas drogas, cigarros e relacionamentos sexuais. Aos 16 anos já vivia na rua, vendendo e usando drogas; me hospedei na casa de traficantes e pratiquei o lesbianismo. Sempre à beira do abismo, sempre à beira da morte por overdose. Aos 18 anos contraí uma doença sexualmente transmissível. Eu me senti como um morta-viva. Desesperada, clamei a Deus e pedi que me guiasse a uma boa igreja. Nessa mesma semana, alguém me falou sobre o Ministério "El Rei Jesus".

Eu fui a uma reunião para jovens, e ali, pela primeira vez, senti o amor e a presença de Deus. Então eles me convidaram para um retiro onde trataram as questões de vícios, cura da alma e maldições hereditárias. Esse foi o dia em que nasci de novo. Deus Pai me deu uma nova vida. Senti que o poder de Jesus me libertou da rejeição, da solidão, do abandono, da imoralidade sexual, desgosto e autodestruição em que estava minha vida. Perdoei meus pais pelo abandono. Eu me perdoei por todo o mal que causei a mim mesma. Hoje tenho paz no coração e uma nova vida. Agora a única coisa eu quero é que os outros recebam o mesmo que eu recebi de Jesus porque sei que tem muita gente que sofre o mesmo que eu sofri e não encontra solução em nada e em ninguém. O único que poderia transformar minha vida foi Jesus o Filho de Deus, e tenho certeza de que Ele fará o que o mesmo para você."

PERGUNTAS FINAIS

Por favor, responda as perguntas a seguir:

- Qual a diferença da forma que os pecados eram perdoados no Antigo Testamento e como isso é feito no Novo Testamento?

- Qual é a diferença entre "expiar" e "redimir" nossos pecados?

- O que é o Novo Nascimento?

- Jesus teve que nascer de novo?

- esus teve que ser batizado no Espírito Santo?

ATIVAÇÃO

- O professor conduzirá os alunos em oração, pedindo ao Espírito Santo que os batize, a fim de receber poder para testemunhar de Jesus com demonstração de milagres, sinais e maravilhas.

- Ele ministrará o batismo no Espírito Santo com a evidência de falar novas línguas.

Crescendo para dentro

TAREFA

- Revise esses pontos importantes da aula:

  ▸ A diferença entre o Antigo e o Novo Testamento em relação ao pecado é que no passado o pecado era apenas "expiado" ou coberto. Graças à obra de Cristo na cruz, temos a "remissão" dos pecados; isso significa que eles são perdoados e apagados para sempre.

  ▸ Muitos cristãos não são transformados. A maioria quer ser salva, mas não quer mudar sua maneira de viver; isso se deve a falta de arrependimento.

  ▸ Nosso nascimento natural nos transfere defeitos e maldições hereditárias.

  ▸ No Novo Nascimento, Deus corta o cordão umbilical com nossa família e nos conecta a linhagem de Jesus. É um milagre espiritual que quebra toda maldição de nossa vida.

  ▸ Nascer de novo significa que os pecados são removidos de nossa história espiritual. São perdoados e apagados como se nunca houvesse existido.

  ▸ Jesus não teve que nascer de novo porque ele nasceu direto do Espírito, mas teve que ser batizado no Espírito para começar o seu ministério.

  ▸ A diferença é que, nascer de novo nos qualifica para entrar no Reino de Deus (ser salvo), e o batismo no Espírito nos qualifica para ser testemunhas de Jesus. Isso nos dá o poder para demonstrar que o sobrenatural de Deus é real.

- Você tem alguma necessidade especial? Precisa de um milagre? Precisa de uma intervenção de Deus? Apresente-se agora mesmo a Deus em oração. Ore em voz alta:

Pai celestial, venho a ti como teu filho(a) te agradecendo pela experiência do nascer de novo. Quero me tornar uma testemunha de Jesus e ter poder para curar os enfermos, libertar aos cativos e expulsar os demônios. Neste dia te peço por...

(Inclua aqui o seu pedido).

...Te dou graças pai porque sei que me ouves. Em nome de Jesus. Amém!

O processo do novo convertido

- Leia em sua Bíblia o terceiro capítulo do livro de João e responda as perguntas a seguir:
  - Quem foi Nicodemos?
  - Como sabemos que Deus Pai estava com Jesus?
  - Nascer de novo é algo natural ou espiritual?
  - Quando Jesus disse que devia "nascer de novo" Nicodemos teve revelação ou ficou confuso?
  - Por que Deus enviou seu filho ao mundo?
  - Jesus veio ao mundo para condenar ou salvar as pessoas?

- Compartilhe com sua familia, amigos e outras pessoas, o que você aprendeu nessa lição, convide-os para acompanha-lo na próxima aula.

Aula 4

O Pecado E As Suas Consequências

METAS

- Compreender o que é o pecado, sua origem e consequências.
- Conhecer o plano de Deus para nossas vidas.

Este ensinamento foi recebido da parte de Deus pelo apóstolo Guillermo Maldonado, com o propósito de transformar as vidas de quem receber. O professor deve se apegar aos objetivos e conteúdo de cada aula, ensinando 45 minutos e ministrando 15 minutos. Seguir estas instruções trará disciplina ao professor e mudança radical para todos.

O Pecado E As Suas Consequências

> **REVISÃO DA AULA ANTERIOR**
>
> - Todos nós nascemos no pecado, e precisamos nascer de novo no Espírito.
>
> - Devemos nos arrepender, mudar nossa mentalidade e submetermos ao processo de purificação pelo Espírito Santo.
>
> - Deus quer capacitar-nos para curar, libertar, expulsar demônios e avançar seu Reino na terra.
>
> - Tudo isso é possível depois de nascer de novo e ser batizado no Espírito Santo.

AGENDA | CLASE DE LÍDERES

15m Adoração / Preparar ambiente
60m Enssino
10m Oferta / Conectar com a classe
20m Ministração e ativação
05m Anúncios e despedida
TOTAL: 1 Hr. e 50m.

RESPONDA
Que é o pecado? Explique em suas próprias palavras
Separe alguns minutos para escrever a sua resposta.

_____
_____
_____

Quando adão pecou, perdeu sua comunhão com Deus e o tudo o que operava nele foi a sua consciência. Por meio da consciência, o ser humano reprova o pecado e aprova a justiça divina. Porém a consciência tornou-se insensível (endurecida), a tal ponto de muitos já não ouvirem a voz de Deus porque a atmosfera de devassidão e perversidade destorce a mensagem e cria interferências.

O QUE É PECAR?

É ofender a Deus transgredindo deliberadamente suas leis e mandamentos. A palavra pecar significa afastar-se do reto e justo; é "errar ao alvo". Nosso Espírito deseja Deus, mas escolhemos caminhos que nos afastam cada vez mais da sua vontade. Então, terminamos caindo na religiosidade, idolatria e tradições.

A Bíblia ensina que <u>Jesus é o único caminho</u> para chegar ao pai (Veja João 14:6), mas <u>o mundo nos mostra caminhos alternativos</u>. Por exemplo, alcoolismo é chamado de "doença social". A homossexualidade é chamada de "estilo de vida alternativo". Eles chamam o aborto de "direito de decidir". Eles chamam o vício em drogas de "doença mental". Eles chamam a pornografia de "auxílios audiovisuais", mas o que Jesus chama de alcoolismo? - <u>Pecado</u>. Á homossexualidade? - <u>Pecado</u>. Ao aborto? - <u>Pecado</u>. A pornografia? - <u>Pecado</u>.

*Deus odeia o pecado, mas ama o pecador,
e não quer que ninguém se perca.*

RESPONDA
Onde se originou o pecado?

Separe alguns minutos para escrever a sua resposta.

_____
_____
_____
_____
_____

E disse Deus: Façamos o homem à nossa imagem, conforme a nossa semelhança; e domine sobre os peixes do mar, e sobre as aves dos céus, e sobre o gado, e sobre toda a terra, e sobre todo o réptil que se move sobre a terra. **Gênesis 1:26**

Depois de criar a terra, Deus criou o homem a sua imagem e semelhança – homem e mulher os criou (Veja Gênesis 1:27) - para governar toda a criação, exceto os outros seres humanos, mas o plano de satanás é destruir a raça humana, porque somos imagem e semelhança de Deus.

No entanto, o ser humano não foi criado para governar a si mesmo, embora tenha livre arbítrio para escolher a quem servir:
(a) ao Reino dos céus, onde Deus é o único Senhor, ou
(b) ao reino das trevas, regido por satanás.

O QUE É INDEPENDÊNCIA?

A independência <u>é consequência da rebelião e desobediência</u>. É agir fora de Deus, quebrando suas leis, colocando a vontade humana acima da vontade divina. Quando o homem despreza a disciplina de Deus, ele imediatamente cai debaixo do controle do diabo, que usa o espírito de independência para subjugá-lo. Porém, Jesus nos manda <u>negar a nós mesmos</u>, tomar nossa cruz e <u>segui-lo</u>.

A independência nos tira da proteção do Pai.

Como resultado da independência vem as enfermidades, a dor, o divórcio, a solidão, a pobreza etc. Quando Deus nos manda fazer algo, não nos pede para entender, mas sim obedecer. Ao serem tentados por satanás, Adão e Eva caíram em sua armadilha: e a proteção que estava sobre eles, automaticamente foi retirada.

O QUE ACONTECEU COM A HUMANIDADE POR CAUSA DA INDEPENDÊNCIA?

- Perdeu a proteção de Deus
- A presença de Deus foi removida
- A vida e a comunicação com o Pai foram cortadas

Em outras palavras, o pecado e a independência deram resultados desastrosos para a raça humana. Desde então a enfermidade, conflito, escassez, vícios, e outras maldições entraram em sua linhagem. O homem não pode vencer o pecado com suas próprias forças; ele precisa de Deus.

COMO ENTROU O PECADO NA HUMANIDADE?

O pecado entrou na humanidade por meio de um homem, e por meio de um homem devia sair. O apostolo Paulo disse: *"Portanto, como por um homem entrou o pecado no mundo, e pelo pecado a morte, assim* também a morte passou a todos os homens por isso que todos pecaram. **Romanos 5:12**

Por causa do pecado do primeiro homem, a maldição criou raízes na humanidade.

Desde então, todos nascemos carregando a marca do pecado. *"Pois assim como <u>por uma só ofensa veio o juízo sobre todos</u> os homens para condenação, assim também <u>por um só ato de justiça veio a graça sobre todos os homens para justificação de vida</u>.* **Romanos 5:18**

RESPONDA
De acordo com este ensinamento,
qual são as consequências do pecado?

Separe alguns minutos para escrever a sua resposta.

_____
_____
_____
_____

PRINCIPAIS RESULTADOS DO PECADO

1. O salário do pecado é a morte.

Porque o <u>salário do pecado é a morte</u>, mas o dom gratuito de Deus é a vida eterna, por Cristo Jesus nosso Senhor. **Romanos 6:23**

Muitos acreditam que o pecado não tem consequências, porque pecam muito e continuam vivendo como se nada tivesse acontecido; mas a palavra de Deus é categórica em afirmar que "O salário do pecado é a morte". Não necessariamente é uma morte física instantânea (ainda que as vezes ocorre). Em geral, primeiro acontece a morte espiritual, mas no final, o pecador recebe a sua recompensa.

2. O pecado fere a Deus, a você e a outros.

O que furtava não furte mais; antes trabalhe, fazendo algo de útil com as mãos, para que tenha o que repartir com quem estiver em necessidade. Nenhuma palavra torpe saia da boca de vocês, mas apenas a que for útil para edificar os outros, conforme a necessidade, para que conceda graça aos que a ouvem. Não entristeçam o Espírito Santo de Deus, com o qual vocês foram selados para o dia da redenção. **Efésios 4:28-30**

O que é entristecer? É "causar tristeza ou dor". Quando uma pessoa peca, a mais prejudicada é ela mesma, pois rompe sua relação com Deus.

3. O pecado escraviza, degrada e humilha.

Não sabeis vós que a quem vos apresentardes por servos para lhe obedecer, sois servos daquele a quem obedeceis, ou do pecado para a morte, ou da obediência para a justiça? **Romanos 6:16**

No mesmo instante que uma pessoa peca, fica presa, e se torna escravo(a) de satanás. Não desfruta sua vida de crente, e nem tão pouco a vida mundana. Em outras palavras, não desfruta com Deus nem com o diabo. Jesus disse que, *"Porque não há coisa oculta que não haja de manifestar-se, nem escondida que não haja de saber-se e vir à luz."* **Lucas 8:17**

O pecado expõe, humilha e degrada ao pecador.

---

4. O pecado não satisfaz.

O pecado só oferece prazer temporário. Depois, o indivíduo se sente mais vazio que antes. Exemplo: o sexo ilícito, as drogas, a gula, a fofoca, o álcool etc.

5. O pecado tem consequências eternas.

E vi os mortos, grandes e pequenos, que estavam diante de Deus, e abriram-se os livros; e abriu-se outro livro, que é o da vida. E os mortos foram julgados pelas coisas que estavam escritas nos livros, segundo as suas obras. **Apocalipse 20:12**

Tudo o que fazemos fica escrito, e seremos julgados por nossos atos, se não houver arrependimento genuíno nos custara a salvação. Não há uma só passagem na bíblia que diga que o cristão pode viver como quer; pelo contrário, a escritura nos exorta a viver em obediência a Deus.

6. O pecado despreza o sangue de Cristo e abre portas para o diabo.

Se sabemos que Jesus morreu para que nossos pecados fossem perdoados, e ainda assim pecamos intencionalmente, estamos desprezando o sacrifício de Jesus na cruz e seu precioso sangue. Além do mais, ao pecar nos colocamos do lado do inimigo e damos a ele direito e autoridade sobre nossa vida

RESPONDA
Qual é o plano de Deus para a humanidade?
Separe alguns minutos para escrever a sua resposta.

_____
_____
_____
_____

Deus o pai enviou a Jesus, se filho unigênito, para salvar a humanidade. Por isso, Ele *"Mas esvaziou-se a si mesmo, tomando a forma de servo, fazendo-se semelhante aos homens"* **Filipenses 2:7**, foi para a cruz, carregando o pecado da humanidade, e com sua morte e ressurreição libertou a raça humana do pecado e da morte eterna. Não é mais necessário sacrifícios. O sangue de Jesus é mais do que suficiente.

Alguns tentam mudar a sua conduta pela sua própria força, mas não conseguem. Evitam falar mal, tratar mal a sua família, fumar, beber, drogar-se, fornicar, adulterar; eles fazem isso por um tempo, mas logo recaem. Por quê? Porque querem mudar seu comportamento sem mudar a sua natureza. Por isso, muitos programas de autoajuda não funcionam. Você não necessita da ajuda dos homens. Necessita da ajuda de Deus!

O QUE MUDA A NATUREZA DO HOMEM?

O único que pode mudar a natureza pecaminosa e apagar o pecado do homem, é o sangue de Cristo. *"Jesus é o Cordeiro de Deus que tira o pecado do mundo"* **João 1:29**. Deus está pronto hoje para nos perdoar. *"Se confessarmos os nossos pecados, ele é fiel e justo para nos perdoar os pecados, e nos purificar de toda a injustiça".* **1 João 1:9**

O QUE FAZER PARA QUE DEUS PERDOE NOSSOS PECADOS?

- **Arrepender-se (Lucas 24:47):** É reconhecer que somos pecadores. É mudar nossa maneira de pensar e agir, e confiar só em Cristo.

- **Confessar com a boca (Romanos 10:9):** É declarar em voz alta que Jesus é o Senhor e salvador de sua vida.

- **Crer com o coração (Romanos 10:10):** É ter a plena convicção de que o pai levantou a Jesus dentre os mortos.

CONCLUSÃO

Pecar é ofender a Deus quebrando seus mandamentos. Deus odeia o pecado, mas ama o pecador. O pecado entrou na humanidade por meio de um homem, e por meio de um homem devia sair. Jesus é o cordeiro de Deus que tira o pecado do mundo. O salário do pecado é a morte. O pecado fere a Deus; escraviza, degrada e humilha ao homem; não satisfaz, tem consequências eternas e despreza o Sangue de Cristo.

TESTEMUNHO

Jéssica e seu marido praticaram bruxaria por dez anos. Em sua casa, vozes e passos eram continuamente ouvidos que a assustavam e não a deixavam dormir. Por outro lado, seu marido, que passou dois anos na prisão, conheceu cristãos que pregaram a ele sobre Jesus; mas foi só quando encontrou o livro "Como andar no poder sobrenatural de Deus" do apóstolo Guillermo Maldonado que através dele Deus tocou sua vida. Ele ficou tão impactado que sentiu uma forte convicção e se arrependeu de seus pecados. Ele entregou sua vida a Jesus e chamou à sua esposa, para dizer para ela procurar a igreja "El Rey Jesús". Foi assim que Jessica começou a se reunir. Um dia, Jéssica pediu a uma equipe da igreja viesse orar em sua casa para libertá-la das influências demoníacas. Tiraram mais de 60 sacos industriais com objetos de satanismo, livros, trajes, músicas, imagens, colares tambores, bonecos e altares, no valor aproximado de $ 120.000 dólares. Então eles consagraram sua casa para Deus Reinar. A partir daquele dia, eles nunca mais ouviram vozes ou passos. Hoje Jéssica se sente feliz com a paz que se respira em sua casa; tanto que eles reúnem seus vizinhos e amigos todas as semanas para saber mais a Bíblia e sobre Jesus.

PERGUNTAS FINAIS

- O que é o pecado?
- É verdade que Deus odeia ao pecador?
- O que é para você a independência?
- Qual o salário do pecado?

ATIVAÇÃO

- O professor levará os alunos a orar pedindo ao Espírito Santo que traga convicção dos pecados.
- Ele levará os alunos a se arrependerem de seus pecados e a fazerem um pacto com Jesus para viver em sujeição às leis de Deus.

TAREFA

- Revise os pontos importantes da aula:
  - Pecar é ofender a Deus transgredindo Seus mandamentos; é afastar-se do que é certo e justo; é "errar o alvo".
  - Deus odeia o pecado, mas ama o pecador.
  - Satanás tentou Eva dizendo: se você comer do fruto proibido você não morrerá, pelo contrário, será como Deus
  - Independência é viver fora da lei de Deus, fazendo a sua vontade pessoal.
  - Pela independência, a humanidade perdeu a proteção de Deus, a presença de Deus foi removida, e a comunhão com o pai foi cortada.
  - "O salário do pecado é a morte" e suas consequências são eternas.
  - O único que muda a nossa natureza pecaminosa é o sangue de Cristo

- Leia em sua bíblia o capítulo 3 do livro de Génesis e responda as perguntas a seguir:
  - Qual foi a tentação que Satanás (a serpente) usou em Adão e Eva?

- ▸ Qual foi a primeira sensação que eles tiveram depois de comer da árvore?
- ▸ O que Adão e Eva fizeram quando Deus veio para ter comunhão com eles?
- ▸ Qual foi o resultado do pecado de Adão e Eva?
- ▸ Quem cumpriu a profecia de ferir a serpente na cabeça (uma ferida mortal)?

- Peça perdão às pessoas com quem você tem inimizade e tenha a paz.

- Compartilhe com sua família e amigos o que você aprendeu nesta lição. Ore para que o Espírito Santo os convença do pecado e para que recebam a Cristo em seus corações.

Aula 5

O Verdadeiro Arrependimento E Conversão

META

- Que os alunos saibam o que é arrependimento genuíno

Este ensinamento foi recebido da parte de Deus pelo apóstolo Guillermo Maldonado, com o propósito de transformar as vidas de quem receber. O professor deve se apegar aos objetivos e conteúdo de cada aula, ensinando 45 minutos e ministrando 15 minutos. Seguir estas instruções trará disciplina ao professor e mudança radical para todos.

O Verdadeiro Arrependimento E Conversão

REVISÃO DA AULA ANTERIOR

- Até agora vimos que o processo do novo crente consiste em receber a revelação de Jesus, experimentar a novo nascimento, e reconhecer o pecado e suas consequências para permitir que o sangue de Jesus te limpe.

- Pecar é ofender a Deus violando os seus mandamentos; e afastar-se do correto; é "errar o alvo"

- Deus odeia o pecado, mas ama o pecador.

- "O salário do pecado é a morte" e as suas consequências são eternas.

- O único que muda a nossa natureza pecaminosa é o sangue de Cristo.

AGENDA | CLASE DE LÍDERES

- **15m** Adoração / Preparar ambiente
- **60m** Enssino
- **10m** Oferta / Conectar com a classe
- **20m** Ministração e ativação
- **05m** Anúncios e despedida
- **TOTAL: 1 Hr. e 50m.**

Hoje falaremos sobre o poder do arrependimento e a conversão do nosso coração a Jesus.

Atos, capítulo 3, vemos que Pedro e João curam a um doente e o povo maravilhado se aproxima deles. Então, Pedro, começou a falar de Jesus para que todos fossem salvos. No versículo 19 Pedro diz:

Arrependei-vos, pois, e convertei-vos, para que sejam apagados os vossos pecados, e venham assim os tempos do refrigero pela presença do Senhor **Atos 3:19**

O processo do novo convertido

Vamos nos deter um pouco nessas palavras e ver um detalhe que consiste no "arrepender" e "converter" na vida de um crente:

RESPONDA
Alguma vez fez algo que se arrependeu?
O que sentiu nesse momento?
Separe alguns minutos para escrever a sua resposta.

_____

_____

_____

_____

1. Arrepender-se

Muita gente confunde arrependimento com remorso, outros caem em culpa, e outros ainda choram para evitar as consequências do pecado, mas isso NÃO é arrependimento. Arrepender-se NÃO é só admitir que pecou, também não é uma emoção, nem uma simples decisão mental.

O que é arrependimento?

No grego original a palavra *Metanoia* é usada para se referir a uma mudança total em nossa forma de pensar, agir e sentir. O dicionário Merriam-Webster[1] o define como "uma mudança transformadora no coração, uma conversão espiritual". O arrependimento é nossa resposta à convicção do Espírito Santo, cujo propósito é nos conduzir a santidade.

O arrependimento é uma mudança genuína e sincera de se produz no coração e na mente.

Para que uma pessoa se arrependa tem que reconhecer o seu pecado e o chama-lo pelo que é: Pecado! Não há outra forma para se arrepender.

Como sabemos que existiu o verdadeiro arrependimento?

Essa é uma questão-chave, porque cada um expressa o arrependimento de uma maneira diferente. Algumas manifestações do verdadeiro

---
[1] https://www.merriam-webster.com/dictionary/metanoia

arrependimento são: cair de joelho, chorar na presença de Deus, clamar a Deus pedindo perdão. Na bíblia encontramos muitos exemplos. Um dos mais frequentes era quando o povo de Israel voltava chorando, essa era sua forma de mostrar arrependimento.

Naqueles dias, e naquele tempo, diz o Senhor, os filhos de Israel virão, eles e os filhos de Judá juntamente; andando e chorando virão, e buscarão ao Senhor seu Deus. **Jeremias 50:4**

Porém, há pessoas que não mostram sinais físicos. A manifestação que realmente conta é o fruto do arrependimento. *"Produzi, pois, frutos dignos de arrependimento";* **Mateus 3:8** Alguém pode chorar, cair de joelhos ou se emocionar, mas não estar arrependido. O genuíno arrependimento acontece quando a pessoa muda a sua vida. O que antes roubava não rouba mais, quem antes mentia agora não mente mais, o adúltero não adultera mais, o que abandonou sua família busca restaurar seu lar. Essa mudança de vida é resultado de você ceder por completo a convicção do Espírito Santo, que produz do nosso espírito. !Essa é a fase que temos que chegar!

O que é a purificação do Espírito Santo?

A purificação do Espírito Santo faz parte do processo de mudança eterna. Se não há limpeza, a pessoa fica pelo meio do caminho e a mudança não se completa. A purificação envolve o coração, as emoções e a mente; também inclui hábitos, condutas e padrões de pensamento. A princípio, quando uma pessoa recebe a Jesus, se arrepende genuinamente. Porém, se não permanece no processo de purificação - que é o que completa a mudança - o arrependimento não se faz efetivo. Cedo ou tarde volta atrás ou se estagna. Todos ansiamos o fruto do arrependimento, mas o fruto requer tempo para crescer; isso é um processo.

A purificação do Espírito Santo é o processo que traz o crescimento do cristão
---

Quais são os agentes da purificação?

São dois agentes de purificação:

- **A Palavra**

    Vós já estais limpos, pela palavra que vos tenho falado **João 15:3**

- **O Sangue De Jesus**

Mas, se andarmos na luz, como ele na luz está, temos comunhão uns com os outros, e o sangue de Jesus Cristo, seu Filho, nos purifica de todo o pecado. **1 João 1:7**

Qual o maior obstáculo para o arrependimento?

Porque o coração deste povo está endurecido, E ouviram de mau grado com seus ouvidos, E fecharam seus olhos; para que não vejam com os olhos, E ouçam com os ouvidos, e compreendam com o coração, e se convertam, e eu os cure. **Mateus 13:15**

O maior obstáculo para o arrependimento é o orgulho. Devemos saber que o orgulhoso jamais se arrepende. Arrepender-se é aceitar que está errado, e uma pessoa orgulhosa jamais admitirá isso. O arrependimento é um processo que necessita de muita humildade, porque o Espírito Santo vai nos mostrar muitos aspectos em nossa vida que não agradam a Deus e devemos eliminar.

A humildade nos conduz a verdadeira purificação no Espírito Santo.

Onde acontece o arrependimento?

O arrependimento acontece na presença de Deus. Fora da presença não há arrependimento. O arrependimento é a autorização que o homem dá a Deus para que Ele intervenha nas áreas da sua vida que necessitam ser mudadas e que o homem não pode fazer por sozinho.

Todavia digo-vos a verdade, que vos convém que eu vá; porque, se eu não for, o Consolador não virá a vós; mas, quando eu for, vo-lo enviarei. E, quando ele vier, convencerá o mundo do pecado, e da justiça e do juízo. **João 16:7-8**

Não importa quanta influência demoníaca você tenha, você sempre pode escolher se quer pecar ou não, porque tem o livre arbítrio ou vontade para decidir. Satanás não pode roubar sua vontade. Se você toma a decisão de se arrepender, o Espírito Santo fará essa obra sobrenatural.

Quando confessamos os nossos pecados e nos arrependemos sinceramente, tiramos todos o direito de demônios agir em nossa vida.

Sujeitai-vos, pois, a Deus, resisti ao diabo, e ele fugirá de vós.
Tiago 4:7

Para durar, a transformação deve começar com uma mudança de coração. Por isso, devemos estar dispostos a tomar a decisão de nos arrepender e deixar que o Espírito Santo faça a Sua obra. O ser humano deve arrepender-se do pecado de desobediência, porque senão, atrairá um ciclo de maldições.

RESPONDA
O que acontece se não nos arrependermos do nosso pecado?

Separe alguns minutos para escrever a sua resposta.

_____

_____

_____

2. Converter-se

Arrependei-vos, pois, e <u>convertei-vos</u>, para que sejam apagados os vossos pecados, e venham assim os tempos do refrigério pela presença do Senhor, **Atos 3:19**

Quando há arrependimento genuíno somos transformados. A palavra "transformar" significa "mudar de forma a alguém ou algo". A <u>transformação nos leva a verdadeira conversão</u>. Se a pessoa não é transformada ou mudada a algo diferente do que era, não está convertida, porque a mudança é a evidência do verdadeiro arrependimento e conversão.

E disse: Em verdade vos digo que, <u>se não vos converterdes e não vos fizerdes como meninos</u>, de modo algum entrareis no reino dos céus. **Mateus 18:3**

Mudança é a única evidência da sua conversão

O que é a conversão?

Conversão é o ato de mudar o curso ou direção por vontade própria. É fazer o contrário ao que estávamos fazendo. Podemos imaginar a conversão como fazer uma volta em "U" ou fazer uma volta de 180 graus, afastando-nos do pecado, da iniquidade, da transgressão e do mal, voltar para Jesus. Antes de conhecer Jesus, estávamos no caminho do mundo que leva à destruição, mas quando nos convertemos mudamos de rumo. Em outras palavras, não vivemos mais para o mundo, mas vivemos como agrada a Deus.

Uma pessoa convertida não continua vivendo no mesmo pecado que antes praticava.

Do que devemos nos afastar?

Devemos nos afastar do pecado, da iniquidade, da perversão moral, das transgressões e do mal. Nos distanciarmos de tudo aquilo que entristece a Deus. O pecado entristece e desagrada ao pai, porque é uma violação da lei de Deus. Por isso, vemos na bíblia que ele enviou aos seus profetas para que chamassem o povo a se afastar do pecado.

Clama em alta voz, não te detenhas, levanta a tua voz como a trombeta e anuncia ao meu povo a sua transgressão, e à casa de Jacó os seus pecados. **Isaías 58:1**

Qual a obra do Espírito Santo na conversão?

Todavia digo-vos a verdade, que vos convém que eu vá; porque, se eu não for, o Consolador não virá a vós; mas, quando eu for, vo-lo enviarei. E, quando ele vier, convencerá o mundo do pecado, e da justiça e do juízo. **João 16:7-8**

A conversão é obra do Espírito Santo. Ele traz convencimento a consciência do homem, que o leva a se arrepender. Por isso, onde ele é rejeitado não há verdadeira conversão, porque o Espírito não está presente.

Saiba que aquele que fizer converter do erro do seu caminho um pecador, salvará da morte uma alma, e cobrirá uma multidão de pecados. **Tiago 5:20**

O que é a convicção do pecado?

Para que o Espírito Santo possa fazer Sua obra em nosso coração, temos que ser convencidos do pecado. Convicção não é se sentir culpado ou envergonhado pelo pecado; não é medo do castigo divino; nem conhecimento do bem e do mal.

A <u>convicção é sentir nojo total pelo pecado</u>. Quando estamos na presença de Deus, e conhecemos a Sua beleza, Sua pureza e sua santidade, nos damos conta que o pecado não pode habitar junto a Ele. Disse o profeta Isaías: "<u>Então disse eu: Ai de mim! Pois estou perdido; porque sou um homem de lábios</u> impuros, e hábito no meio de um povo de impuros lábios; <u>os meus olhos viram o Rei</u>, o Senhor dos Exércitos." **Isaías 6:5**. Por isso é tão importante não entristecer o Espírito Santo na igreja.

E não entristeçais o Espírito Santo de Deus, no qual estais selados para o dia da redenção. **Efésios 4:30**

RESPONDA
Como pode estar seguro de que está convertido?

Separe alguns minutos para escrever a sua resposta.

___

___

___

Se a pessoa <u>não é transformada</u> em algo diferente, pode se assegurar que <u>não ela não foi convertida</u>. Esses são alguns exemplos de conversão: Se você costumava fumar, agora não fuma mais; se costumava falar mal de alguém, mentir, adulterar, fornicar, já não faz mais. Esses são os <u>frutos de alguém transformado</u>, e a <u>melhor prova de alguém convertido</u>.

3. Seus pecados serão apagados

<u>Arrependei-vos</u>, pois, e <u>convertei-vos</u>, para que <u>sejam apagados os vossos pecados</u>, e venham assim os tempos do refrigério pela presença do Senhor, **Atos 3:19**

Aqui a palavra "apagar" significa remover da memória; é tirar da existência. Quando seus pecados são apagados, é difícil recordar do que se costumava fazer. Parecia até outra pessoa.

Qual é a tentação do diabo?

Quando o Espírito Santo faz a obra em você, <u>apaga</u> todo o seu pecado, <u>limpa e transforma.</u> O diabo vai querer acusá-lo diante de Deus e recordar seu passado para que você volte atrás. Para isso acontecer vai enviar velhas amizades que te lembre o que você costumava fazer, que vão tentar levar você a sua velha maneira de viver. Mas <u>Deus já apagou para sempre todos os seus pecados por meio do sangue de Cristo</u> e não lembra mais de suas transgressões. Por isso é importante que você <u>não caia em tentação.</u>

Assim que, se alguém está em Cristo, nova criatura é; as coisas velhas já passaram; eis que tudo se fez novo. **2 Coríntios 5:17**

CONCLUSÃO

É importante que você, como novo convertido, complete seu processo de conversão. Ou seja, permita que o Espírito Santo o guie ao arrependimento, limpe-o e apague seus pecados para que você possa ser completamente transformado em um novo homem ou em uma nova mulher que agrada a Deus, e vive afastado do pecado. Você está pronto para deixar que o Espírito Santo traga convicção do pecado e de sua necessidade de arrependimento? Está disposto a dar um giro de 180 graus para não desagradar e nem entristecer a Deus? Hoje é o dia!

TESTEMUNHO

O pastor Douglas Camarillo é formado em administração de empresas, com mestrado em marketing. Esse é o seu testemunho:

"Eu era um homem muito dado a festas, eventos sociais, mulheres etc., já que trabalhei na mídia comunicação venezuelana. Desde muito jovem fui independente. Eu vim de um lar disfuncional, onde meus pais se divorciaram quando eu tinha apenas doze anos. Minha segunda mãe era "diarista". Com o apoio do meu pai, continuei meus estudos e me formei com excelentes notas. Muito jovem subi posições, e aos vinte e cinco anos passei a fazer parte do grupo de executivos de um importante canal de rádio e televisão do meu país. A vida corria muito rapidamente, ganhei muito dinheiro e vivi uma vida tumultuada. Era um mundo brilhante, de constantes reuniões de trabalho e eventos sociais, onde tinha álcool e mulheres em abundância. Conheci Nena, minha esposa, quando eu tinha trinta e um anos. de idade. Ela trabalhava no canal de televisão concorrente. Nos apaixonamos, nos casamos e viemos morar em Miami onde fiquei conectado com a mídia. trabalhei em vários meios de comunicação, até um dia, com nosso casamento em pedaços, chegamos à igreja El Rey Jesús. Antes

a gente brigava para ver quem mandava mais ou quem pisava no outro. O orgulho causou "desastres" em nosso relacionamento. Pensei até em jogar tudo fora; minha esposa, minha Casa. Mas Jesus veio e mudou radicalmente a nossa vida. Nós sinceramente nos arrependemos de todo pecado. nos entregamos ao trabalho do Espírito Santo e Ele restaurou nosso casamento, esmagou nosso orgulho e acabar com a raiva, processos e contendas em nosso lar. Ele colocou as coisas em ordem e aprendemos onde o lugar de cada um em casamento. Recebemos aconselhamento e cura interior na igreja e a ordem de Deus trouxe paz para nossas vidas. Estamos casados há mais de vinte anos, e cada dia mais apaixonados do que o primeiro dia. Obviamente, com ajustes e mudanças regulares da vida conjugal, mas com bênção e paz de espírito".

PERGUNTAS FINAIS

- O que é arrependimento genuíno?
- Quais são os agentes de limpeza do Espírito Santo?
- Qual é o maior obstáculo para o arrependimento?
- O que é convicção do pecado?

ATIVAÇÃO

- O professor guiará os alunos a orar para que o Espírito Santo os convença do pecado que os separam de Deus.
- Os guiará a se render à convicção do pecado e a pedir perdão por cada transgressão que o Espírito trouxer à sua memória.

TAREFA

- Repasse esses pontos importantes da aula:
    - O arrependimento é uma mudança de mente, uma mudança do homem interior.
    - O verdadeiro arrependimento se manifesta em frutos evidentes, onde o que roubava não roube mais, o que mentia não mente mais etc.

- A purificação do Espírito Santo completa a mudança que começa com o arrependimento. Se não somos limpos, o processo não está completo.

- Os agentes de purificadores do Espírito Santo são: a palavra e o sangue de Cristo

- O maior obstáculo para o arrependimento é o orgulho.

- O verdadeiro arrependimento sempre tem lugar na presença de Deus.

- Conversão é fazer uma mudança de direção. É dar uma volta em "U" ou giro de 180 graus.

- O arrependimento e a conversão abrem caminho para Deus apagar nossos pecados.

- Apagar é remover algo da memória, é tirar da existência

- O diabo tentará nos lembrar do nosso pecado para que não pensemos que estamos limpos; e trará pessoas que nos lembram o nosso passado e nos tentam a voltar.

• Leia em sua Bíblia o capítulo 4 de Efésios, do versículo 17 em diante (considere a palavra "gentios" como uma forma de se referir a aos mundanos, ou que vivem sem Deus). Então responda a próximas perguntas:

- É permitido o cristão viver e agir como gentios?

- O que quer dizer que eles andam na vaidade da sua mente?

- Qual é a causa da ignorância neles?

- A que se compara nosso antigo modo de vida, e o que fazemos com ele?

- Você costuma cometer algum dos pecados mencionados nessas passagens?

- O que acontece com o Espírito Santo quando vivemos em pecado? (v.30)

• Toda vez que você peca e sente a convicção do Espírito Santo, pare o que estiver fazendo e faça uma oração como esta:

Querido Pai Celestial, reconheço que pequei contra Ti. Quando...

[Declare seu pecado diante de Deus aqui]

Hoje me arrependo de ter pecado e peço que o sangue de Cristo cobre-me e apaga o meu pecado. Perdoe-me por tê-lo entristecido. Obrigado Senhor, porque sei que Tu me restauras agora. No nome de Jesus eu te peço. Amém.

Aula 6

A Morte De Jesus - I

METAS

- Aprender como e porque Jesus morreu.
- Conhecer qual foi o processo da sua morte.
- Receber revelação da obra terminada de Jesus na cruz para que não seja em vão.

Este ensinamento foi recebido da parte de Deus pelo apóstolo Guillermo Maldonado, com o propósito de transformar as vidas de quem receber. O professor deve se apegar aos objetivos e conteúdo de cada aula, ensinando 45 minutos e ministrando 15 minutos. Seguir estas instruções trará disciplina ao professor e mudança radical para todos.

A Morte De Jesus - I

REVISÃO DA AULA ANTERIOR

- Arrependimento é uma mudança de mente, e se manifesta com frutos evidentes

- A purificação do Espírito Santo completa a mudança, com a Palavra e sangue de Cristo.

- O arrependimento acontece na presença de Deus e seu maior obstáculo é o orgulho.

- Conversão é girar 180 graus e se afastar de tudo o que desagrada a Deus.

- Na conversão, o Espírito Santo traz convicção à consciência humano, levando-nos ao arrependimento. Deve ceder e entregar-se a ela para que a nossa consciência não endureça.

- A tentação do diabo é nos lembrar do pecado para que duvidemos de nossa limpeza. Devemos resistir e conclua nosso processo

RESPONDA
Por que Jesus teve que ir a cruz?

Separe alguns minutos para escrever a sua resposta.

_____
_____
_____

AGENDA | CLASE DE LÍDERES

15m Adoração / Preparar ambiente
60m Enssino
10m Oferta / Conectar com a classe
20m Ministração e ativação
05m Anúncios e despedida
TOTAL: 1 Hr. e 50m.

Independente de como as pessoas vejam, o pecado sempre terminará em morte. Se não nos arrependermos e virarmos as costas para ele, acabaremos onde o inimigo quer que estejamos. Por isso, todos precisamos ter os nossos pecados perdoados. Felizmente, Jesus assumiu a natureza humana veio em nosso lugar. Ele experimentou a morte para que nós recebêssemos a plenitude da vida. Sua obediência e o poder de seu sacrifício foram tanto que até hoje podemos torná-lo eficaz benéfico em nossa vida, não só espiritual, mas também na vida física.

CRISTO EXPERIMENTOU A MORTE EM DUAS FASES

Essas são as mesmas fases da morte pela qual passamos, desde a expulsão de Adão do jardim do éden

1. **Morte espiritual:** Esta morte nos separa de Deus por causa do pecado. Adão experimentou essa morte quando pecou pela primeira vez contra Deus (Veja Gênesis 2:17). Ele não morreu fisicamente, mas seu Espírito foi imediatamente separado do Espírito de Deus.

2. **Morte física:** Esta morte ocorre quando a alma e o Espírito se separam do nosso corpo. O corpo permanece, enquanto nossa alma e espírito vão ao céu ou ao inferno, segundo como temos vivido durante nosso tempo na terra.

RESPONDA
Em qual situação se sentiu abandonado?
Que consequências teve isso em sua vida?

Separe alguns minutos para escrever a sua resposta.

_____
_____
_____
_____

A MORTE ESPIRITUAL DE JESUS

Jesus nasceu sem pecado, assim como Adão. Ele veio a este mundo na mesma condição que nós, com nossas mesmas fraquezas e tentações persistentes. No entanto, como Ele estava em constantemente comunhão com Deus, viveu uma vida sem pecado e Sua vida espiritual sempre estava unida ao Espírito do Pai. Ao "beber o cálice da iniquidade" no Jardim do Getsêmani (ver Lucas 22:39-46), Jesus levou os pecados da humanidade e tornou-se pecado por nós. Com este ato, Ele perdeu Sua vida espiritual.

E perto da hora nona exclamou Jesus em alta voz, dizendo: Eli, Eli, lamá sabactâni; isto é, Deus meu, Deus meu, por que me desamparaste? **Mateus 27:46**

Deus Pai teve que virar as costas para Jesus, porque Ele não coabita com pecado. Portanto, Ele teve que se separar de Seu Filho e, por sua vez, Jesus teve que receber punição pelo pecado que carregava.

Somente o pecado pode separar uma alma de Deus. O Pai não perdeu o poder ou habilidade de ouvir as orações de Seu povo, mas o pecado os impede de chegar até Ele. Esta era a mesma condição das pessoas de Israel antes de Cristo, e é nossa condição antes de aceitar Seu sacrifício e vitória sobre o pecado. precisamos nos arrepender de nossos maus caminhos para que o sangue de Cristo nos purifique.

A MORTE FÍSICA DE JESUS

Antes de entrar nesta parte, devo explicar brevemente dois pontos importante para entender completamente a revelação da cruz:

- ***A maneira que Jesus morreu.*** Na época de Jesus, a crucificação estava reservada para os piores criminosos, bem como para os traidores do império romano. Ser condenado à cruz não só negou ao criminoso todos os direitos legais, mas o colocou na categoria de subumano e o excluiu totalmente da sociedade. Era a forma mais humilhante de morrer.

  Como pasmaram muitos à vista dele, pois o seu parecer estava tão desfigurado, mais do que o de outro qualquer, e a sua figura mais do que a dos outros filhos dos homens. **Isaías 52:14**

- ***A revelação da cruz.*** Algumas pessoas usam a cruz como um amuleto em volta do pescoço, sem saber que o objeto sozinho não tem poder contra o diabo ou qualquer força no mundo espiritual. É a morte de Jesus na cruz e Seu sangue derramada aquele que libera todo o poder do céu contra as trevas. *"Cristo nos resgatou da maldição da lei, fazendo-se maldição por nós..."* **Gálatas 3:13**. Esta morte apagou o pecado e permitiu Jesus para entrar no inferno e tirar de Satanás o poder que ele tinha para oprimir a humanidade em uma prisão de morte e escravidão eterna. Para nos beneficiar desse poder, devemos ter a revelação da obra completa da cruz.

POR QUE JESUS TEVE QUE SOFRER?

As Escrituras ensinam que Jesus teve que sofrer porque assim o Pai havia predeterminado, a fim de resgatar o homem das mãos do diabo. *"Mas Deus assim cumpriu o que antes fora anunciado pela boca de todos os seus profetas, que o seu Cristo havia de padecer"* **Atos 3:18.** (Veja também Atos 2:23.) Esse sofrimento foi necessário para nossa salvação. *"E [Jesus] começou a ensinar-lhes que precisava o Filho do Homem sofrerá muito e será rejeitado pelos anciãos, pelos principais sacerdotes e pelos escribas, e seja morto, e ressuscite depois de três dias"* **(Marcos 8:31).**

QUAL FOI O PROCESSO DA CRUCIFICAÇÃO?

Quase 700 anos antes, o profeta Isaías recebeu a revelação do tipo de castigo que teria de sofrer o corpo do Messias.

- **O chicote**

As minhas costas ofereci aos que me feriam, e a minha face aos que me arrancavam os cabelos; não escondi a minha face dos que me afrontavam e me cuspiam. **Isaías 50:6**

A chicotada era uma forma de punição aplicada nos tempos antigos. O chicote era feito de tiras de couro, coberto com bolas de chumbo, pedaços afiados de osso ou dentes de ovelha capazes de para rasgar a pele. O procedimento consistia em despir a pessoa, amarre-o a uma pilha ou estaca ou coloque-o no chão. A parte de trás, as nádegas e as pernas foram inicialmente atingidas por um ou dois soldados a fim de enfraquecer a pessoa e deixá-la à beira da morte. Sua barba era frequentemente arrancada à mão. Jesus submetido voluntariamente a todo aquele castigo. Ele escolheu suportá-lo para que não receberíamos o castigo eterno.

- **O peso da cruz**

Em geral, o réu estava nu, a menos que o costume local proibisse. Como o peso total da cruz era muito grande, apenas a trave horizontal foi colocada em seus ombros, enquanto seus braços foram estendidos e amarrados a ela. O prisioneiro foi levado em uma procissão – vigiado de perto pela guarda militar romana – ao local onde a crucificação aconteceria.

- **Pregado na cruz**

Assim que chegaram ao local da execução, o criminoso foi jogado no chão de costas; eles estenderam os braços na trave horizontal da cruz e o preso foi pregado com pregos de ferro (no caso de Jesus, foi pregado no interior dos pulsos). Por último, eles levantaram a cruz e o acusado ficou pendurado pelas mãos e pés, esperando a morte, em terrível agonia.

- **Deterioração física**

Desidratação devido à perda de sangue, transpiração excessiva e febre, produziu uma sede intolerável. De acordo com a lei, o réu foi autorizado a beber uma mistura de vinho e mirra como analgésico macio para aliviar a dor. A Jesus. *"Deram-lhe vinagre para beber misturado com fel; mas depois de ter provado, ele não quis beber. **(Mateus 27:34)***

Finalmente, a obstrução respiratória produzida pela postura, combinado com febre traumática, tétano e exaustão, mataram o réu. Para apressar a morte do crucificado, suas pernas foram quebradas com um martelo, e em seguida, seu lado foi perfurado por uma espada ou lança; ou sufocado pela fumaça. No caso de Cristo, eles apenas perfuraram seu lado com uma lança. Nenhum de Seus ossos foi quebrado, assim como o cordeiro sacrificial em Cultura hebraica: *"Não deixarão o animal abatido até pela manhã, nem quebrarão um osso dele; de acordo com todos os ritos da Páscoa celebrar" **(Números 9:12)***

Nesse instante Jesus já estava totalmente desfigurado devido às múltiplas contusões e feridas infectadas e purulentas. Seu corpo foi açoitado, a barba foi arrancada de Seu rosto, e Seu cabeça ferida em vários pontos pela coroa de espinhos que eles o forçaram a usar Ele sofreu o desprezo e o abandono de Seus povos, entre os quais havia muitos que ele mesmo havia curado e perdoado.

RESPONDA

Qual diferença encontra sobre aquilo que pensava que era a morte de Cristo na cruz, com o que aprendeu hoje?

Separe alguns minutos para escrever a sua resposta.

A REVELAÇÃO POR TRÁS DA CRUCIFICAÇÃO

Cristo sofreu uma morte sangrenta. bebeu do cálice dado pelo Pai, cheio do seu pecado e do meu. Ele se permitiu ser preso, julgado injustamente, espancado, ridicularizado, cuspido, torturado, crucificado e, finalmente morto. As virtudes que sustentaram Jesus através de Seu sofrimento foram amor, humildade, paciência e a fé; mas, acima de tudo, saber quem Ele era e por que Ele veio à terra. Jesus não foi uma vítima. Ele tinha plena consciência do porquê ele morreria e o que aconteceria a seguir. Ele fez isso porque sabia que Sua morte era o pagamento por nossos pecados; porque era a única maneira de cortar a maldição da iniquidade que pesava sobre nós.

Àquele que não conheceu pecado, o fez pecado por nós; para que nele fôssemos feitos justiça de Deus. **2 Coríntios 5:21**

CONCLUSÃO

Jesus veio à terra sabendo que iria morrer pelos pecados da humanidade. Nesta lição vimos dois componentes da morte: o espiritual e físico. A morte espiritual foi o resultado de conhecer declaração do Pai, porque Jesus levou todos os pecados da humanidade. Na realidade, todo ser humano, sem Jesus, vive numa condição da morte espiritual. Jesus também experimentou a morte física. Esta morte foi anunciada por vários profetas antigos. Jesus é o cumprimento dessas profecias, sendo torturado e morrendo na cruz.

TESTEMUNHO

O seguinte testemunho é o de uma jovem coreana que descobriu Jesus como o único capaz de compreender e curar todas as feridas do seu passado e presente. O nome dela é Jennifer, ela tem 23 anos e é analista Dados e Relações Internacionais.

"Todo mundo, no fundo do seu ser, está procurando um pai. Todos nós precisamos de identidade, afirmação, proteção e segurança que um

verdadeiro pai pode dar. Isso é Jesus para mim. Olhando meu passado eu percebo que toda a minha vida eu busquei o amor de meu pai nas relações que estabeleci com outras pessoas; tentando ganhar a aceitação delas. Aos dez anos, um membro da família abusou de mim, e isso me afetou profundamente. afetou minha maneira de me ver e de ver os homens. Ele me levou para um mundo escuro, para tentar qualquer coisa para anestesiar o dor. Durante minha infância e adolescência fui abusada física e sexualmente e emocionalmente, além do que eu pensei que poderia suportar. Houve dias em que apanhei tanto que nem conseguia sentar-me em uma cadeira; tinha feridas por todo o meu corpo. Não queria ir à escola por medo de rejeição e vergonha. Tentei de me matar muitas vezes, porque eu estava convencida de que era minha única saída para a miséria e a dor. Aos vinte anos eu estava envolvida em um relacionamento emocionalmente abusivo, até que meu parceiro disse que não me amava mais. Enquanto eu chorava inconsolável, percebi que só Deus poderia me amar genuinamente. Naquela noite entreguei minha vida a Jesus. Alguns meses depois, me convidaram para ir em uma igreja. Lá eu descobri que tinha muitos problemas profundamente enraizados, e que eu precisava ser livre. Jesus começou a trabalhar em meu coração. Hoje, Posso dizer que pela graça de Cristo fui transformada. Eu pude entender que o amor de Jesus é tão poderoso que pode tocar o coração de qualquer pessoa e transformá-lo. Não importa o qual seja seu passado. Em Jesus encontrei a paternidade que havia perdido. Ele deu a vida por mim e nunca vai me abandonar.

PERGUNTAS FINAIS

Por favor, responda as perguntas a seguir:

- Como nascemos em relação ao pecado?

- Por que Jesus teve que ser abandonado pelo Pai para completar Sua obra na cruz?

- Quais foram as virtudes que sustentaram Jesus através do sofrimento que experimentou desde Sua prisão até Sua crucificação e morte na cruz?

ATIVAÇÃO

- O líder conduzirá a classe a fazer uma oração de perdão e aceitação, tendo agora maior revelação e convicção do sacrifício de Jesus na cruz. Ele os levará a repetir a seguinte oração:

"Pai Celestial, reconheço que sou pecador e que meu pecado me separa de Ti. Hoje, creio que Jesus morreu por mim na cruz e que Deus, o Pai, o ressuscitou dentre os mortos. Arrependo-me de todos os meus pecados, e confesso voluntariamente Jesus como meu Senhor e Salvador. Renuncio a todos os pactos com o mundo, com minha carne e com o diabo, e faço um novo pacto com Jesus. Te peço Senhor, entre em meu coração e mude minha vida. O dia que eu morrer quando abrir os olhos, sei que estarei em Teus braços. Amém!"

- Além disso, inspirará a turma para que cada aluno se comprometa viver para Jesus, desenvolvendo as mesmas virtudes que Jesus tinha passado pelo sacrifício da cruz.

TAREFA

- Revise os seguintes pontos importantes da aula:

  ▸ A consequência do pecado sempre será a morte; mas Jesus morreu em nosso lugar para que possamos receber a plenitude de vida.

  ▸ Jesus experimentou uma morte espiritual e uma morte física.

  ▸ Quando Jesus bebeu do cálice da iniquidade, tornou-se pecado por nós e foi separado de Deus.

  ▸ Jesus sofreu chicotadas, carregou o peso da cruz. pregaram suas mãos e pés; além da deterioração física, como parte do processo de crucificação.

  ▸ O sofrimento de Jesus foi necessário para completar o plano de nossa salvação.

  ▸ Jesus estava plenamente ciente da razão pela qual estava morrendo, por quem e o que aconteceria a seguir. Seu sangue era o único pagamento aceitável por nossos pecados.

- ▸ Fora de Deus, ainda estamos em uma condição pecaminosa. A nossa salvação consiste em aceitar o sacrifício de Jesus e fazer dele nosso Senhor e Salvador.

- Você precisa de um milagre, uma intervenção sobrenatural de Deus? Você tem um familiar ou amigo que precisa que Deus trabalhe em sua vida? A revelação da obra de Jesus na cruz pode fazer você ver o poder de Deus em ação. Faça a seguinte oração:

"Querido Jesus, eu te agradeço pela revelação que recebi sobre o que o Senhor realmente fez na cruz. Eu acredito de todo meu coração que o Senhor levou meus pecados, doenças, necessidades e pobreza. Aproprio-me da tua obra redentora, para que tudo o que hoje falta em minha vida seja suprido suprida, porque o Senhor já pagou por ela na cruz. Hoje me aproprio pela fé...

[Inclua aqui o que deseja receber].

Eu declaro feito, em nome de Jesus. Amém!

- Leia sua bíblia o capítulo 15 de Marcos e responda as perguntas a seguir:

    - ▸ De que Jesus foi acusado perante Pilatos?
    - ▸ Por que Jesus se recusou a se defender perante Pilatos?
    - ▸ Como você compararia o incidente de Jesus e Barrabás com a nossa salvação?
    - ▸ O que os principais sacerdotes estavam gritando (v.14)?
    - ▸ Qual foi o clamor de Jesus na hora nona (3 da tarde) (v.34)?
    - ▸ Que revelação recebeu o centurião (o soldado) que o viu morrer (v.39)? Você recebeu a mesma revelação?

Aula 7

A Morte De Jesus - II

METAS

- Aprender sobra a segunda morte de Jesus, sua vitória sobre o inimigo e o que isso significa para a vida diária do aluno.

- Refletir sobre o efeito que o pecado teve ao longo da sua vida, sem o seu conhecimento e tome uma decisão sobre isso.

- Apropriar-se a obra completa de Jesus na cruz para viver sem pecado ou iniquidade.

Este ensinamento foi recebido da parte de Deus pelo apóstolo Guillermo Maldonado, com o propósito de transformar as vidas de quem receber. O professor deve se apegar aos objetivos e conteúdo de cada aula, ensinando 45 minutos e ministrando 15 minutos. Seguir estas instruções trará disciplina ao professor e mudança radical para todos.

A Morte De Jesus - II

AGENDA | CLASE DE LÍDERES

15m Adoração / Preparar ambiente
60m Enssino
10m Oferta / Conectar com a classe
20m Ministração e ativação
05m Anúncios e despedida
TOTAL: 1 Hr. e 50m.

REVISÃO DA AULA ANTERIOR

- A consequência do pecado é a morte; mas Jesus morreu para nos dar vida.
- Jesus experimentou a morte espiritual e a morte física.
- Jesus bebeu o cálice da iniquidade e tornou-se pecado por nós; foi separado do Pai porque Deus não convive com o pecado.
- A revelação da cruz inclui saber como Jesus morreu, o poder de Sua morte na cruz e o que isso significa em nossas vidas.
- Jesus sofreu chicotadas, carregou o peso da cruz, foi pregado pés e mãos, e sofreu deterioração física antes de entregar Seu Espírito na cruz.
- O sofrimento de Jesus foi necessário para completar o plano da nossa salvação.
- A morte de Jesus foi o único pagamento aceitável por nossos pecados, e Ele sabia disso; portanto, se entregou voluntariamente.
- Sem Deus, continuamos no pecado. Somente pelo sacrifício de Jesus nós somos salvos.

RESPONDA

De todo o processo de prisão, tortura, crucificação e morte de Jesus, o que foi mais difícil para Jesus suportar, e por quê?

Separe alguns minutos para escrever a sua resposta.

No jardim do Getsêmani, Jesus bebeu do cálice que o Pai deu a Ele para completar o plano de redenção da humanidade. Não se tratava de um cálice no sentido literal, mas que era um recipiente que estava cheio de todos os pecados mais horríveis que você pudesse imaginar. Toda a sujeira do mundo se esvaziou sobre um homem só. O Pai teve que prover um cordeiro com a mesma natureza de Adão, mas sem mancha, para purificar a raça humana. Inconcebível imaginar que Deus, puro e Santo, de repente recebesse sobre Si a sujeira de todos os pecados da humanidade, desde o começo até o fim dos tempos. Por isso, Jesus clamou: *"Se é possível, passe de mim este cálice."* **Mateus 26:39**

A dor do calvário, ainda que horrível, foi apenas o início. A parte mais dolorosa era carregar na alma a concentração de toda a maldade e o pecado humano. Por isso, Jesus *"E, indo segunda vez, orou, dizendo: Pai meu, se este cálice não pode passar de mim sem eu o beber, faça-se a tua vontade* **Mateus 26:42**. Para Jesus não foi uma decisão fácil. Sua preocupação não era tanto com a morte física quanto ao conteúdo do cálice que o Pai lhe deu para beber, porque essa enorme carga de pecado o separaria do Pai e, estar longe de Deus produzia um terror enorme. O abandono foi o que matou Jesus.

Porém, carregar todos os pecados da humanidade foi a chave para revelar o que há de mais importante no plano de Deus. Uma vez que Jesus se voltou em pecado e morreu na cruz, Ele estava preparado para cumprir a parte espiritual de sua missão: a derrota de satanás e a salvação da humanidade. Tendo Pago com seu sangue todos os pecados, como cordeiro sem defeito (em Jesus não havia pecado), o que se seguiu foi despojar satanás de toda autoridade sobre nós.

RESPONDA
Se o seu filho ou um ente querido fosse sequestrado, o que você estaria disposto a dar para o seu resgate?

Separe alguns minutos para escrever a sua resposta.

A SEGUNDA MORTE DE JESUS

O que aconteceu no caminho da cruz para o céu? A Bíblia diz que o espírito de Jesus desceu ao Sheol ou Hades; *"Porque como foi o Jonas no ventre do grande peixe três dias e três noites, assim estará o Filho do homem no seio da terra três dias e três noites"* **Mateus 12:40.** Paulo diz que *"[Jesus] subindo ao alto, levou cativo o cativeiro, e deu dons aos homens"* **Efésios 4:8.** Paulo usa o termo "subir" implicando que ele desceu primeiro. Cristo não ascendeu ao céu até que Ele primeiro desceu ao Sheol. a palavra sheol no Antigo Testamento representa o lugar onde iam os espíritos de todos os seres humano mortos. No Novo Testamento, escrito em Grego, este lugar é chamado Hades. Os Evangelhos não contam o que aconteceu no Sheol; ao contrário, isso aparece no livro de salmos. É lá que Deus nos revela o que Jesus passou ao cumprir Sua segunda e última morte.

- **Jesus foi julgado pelo pecado em sua alma e espírito**

Jesus foi separado da presença de Deus para sofrer a segunda morte no Hades. Lá ele sofreu a ira de Deus pelos pecados e maldade da humanidade (ver Levítico 16:22). foi colocado em a mais extrema escuridão, sozinho e abandonado, mas fê-lo para dá-nos a salvação, para mostrar as suas maravilhas e glorificar-se sobre o inimigo. *"Todavia, ao Senhor agradou moê-lo, fazendo-o enfermar; quando a sua alma se puser por expiação do pecado, verá a sua posteridade, prolongará os seus dias; e o bom prazer do Senhor prosperará na sua mão."* **Isaías 53:10**

RESPONDA
Você alguma vez já pensou que o pecado era a razão da depressão, solidão, rejeição, doenças, pobreza ou aflições em sua vida? De onde acreditava que vinham todos esses males?

Separe alguns minutos para escrever a sua resposta.

O Salmo 88 narra a condição de Jesus enquanto estava no inferno, onde pagou todos os pecados da humanidade. Isto reflete o grande clamor que saiu do coração de Jesus ao cumprir o seu chamado:

SENHOR Deus da minha salvação, diante de ti tenho clamado de dia e de noite. Chegue a minha oração perante a tua face, inclina os teus ouvidos ao meu clamor; porque a minha alma está cheia de angústia, e a minha vida se aproxima da sepultura. Estou contado com aqueles que descem ao abismo; estou como homem sem forças, Livre entre os mortos, como os feridos de morte que jazem na sepultura, dos quais te não lembras mais, e estão cortados da tua mão. Puseste-me no abismo mais profundo, em trevas e nas profundezas. Sobre mim pesa o teu furor; tu me afligiste com todas as tuas ondas. (Selá.) Alongaste de mim os meus conhecidos, puseste-me em extrema abominação para com eles. Estou fechado, e não posso sair. Eu, porém, Senhor, tenho clamado a ti, e de madrugada te esperará a minha oração. Senhor, por que rejeitas a minha alma? Por que escondes de mim a tua face? Estou aflito, e prestes tenho estado a morrer desde a minha mocidade; enquanto sofro os teus terrores, estou perturbado. A tua ardente indignação sobre mim vai passando; os teus terrores me têm retalhado. Eles me rodeiam todo o dia como água; eles juntos me sitiam. Desviaste para longe de mim amigos e companheiros, e os meus conhecidos estão em trevas. **Salmos 88:3-8, 13-18**

- **Jesus foi vivificado em seu Espírito e venceu a morte por nós**

Porque também Cristo padeceu uma vez pelos pecados, o justo pelos injustos, para levar-nos a Deus; mortificado, na verdade, na carne, mas vivificado pelo Espírito. **1 Pedro 3:18**

Depois que o processo de Sua morte física e espiritual foi concluído, o Espírito de Jesus foi "vivificado" mais uma vez. Quando Satanás acreditou tê-lo derrotado, Jesus deu-lhe uma derrota eterna, absoluta e irrevogável, arrebatando ao mesmo tempo as chaves do Hades e da morte. Então, Jesus estava pronto para ser ressuscitado como um vencedor, tendo vencido o pecado, a morte e o inferno.

- **Jesus proclamou Sua vitória entre os espíritos aprisionados**

Antes de deixar aquele lugar horrível, Jesus fez outra coisa. A bíblia fala sobre a atividade de Jesus no inferno. Ele diz que *"foi também e pregava aos espíritos em prisão"* **1 Pedro 3:19**. Significa que Cristo pregou o evangelho aos demônios? Não! No grego original utiliza-se um termo que alude a uma proclamação, como a de que um arauto. Ou seja, Cristo, como Arauto do Pai, foi aonde eles estavam aqueles demônios aprisionados, dizendo: *"Agora <u>eu tenho as chaves do inferno e morte</u>! Eu derrotei o líder deles!"* Portanto, Jesus não pregou a demônios, mas proclamou (anunciou ou pregou) Sua vitória. Jesus venceu o que era impossível para nós!

- **Jesus pregou o evangelho aos que morreram esperando o Messias**

    Porque por isto foi pregado o evangelho também aos mortos, para que, na verdade, fossem julgados segundo os homens na carne, mas vivessem segundo Deus em espírito. **1 Pedro 4:6**

A última tarefa de Jesus antes de ser ressuscitado dos mortos pelo Pai, era anunciar o evangelho aos que estavam no paraíso ou no seio de Abraão. Você pode se perguntar por que Jesus voltou para aqueles que eles já haviam morrido? A resposta é que a obra de Jesus se estende a toda a raça humana, antes e depois de Sua primeira vinda à terra. Ele fez isso para que eles também tivessem uma chance de salvação, porque eles morreram na fé antes que Cristo pudesse dar testemunho deles. Ao ouvirem as palavras de Jesus no Sheol, eles se levantaram de seus túmulos (ver Mateus 27:52-53) e foram os primeiros a receber o evangelho depois que Cristo derrotou satanás no inferno.

- **Jesus não foi movido nem seu corpo viu a corrupção**

    Portanto está alegre o meu coração e se regozija a minha glória; também a minha carne repousará segura. Pois não deixarás a minha alma no inferno, nem permitirás que o teu Santo veja corrupção. **Salmos 16:9-10**

O Espírito de Cristo profetizou através de Davi, que mostrou o que aconteceria com o Messias. Note que Ele diz que a <u>Sua carne repousará com confiança</u>; isso se refere ao Seu corpo na sepultura; enquanto <u>Seu espírito ou alma</u> diz que <u>não permaneceria no Sheol para sempre</u>. Pedro afirma que Davi *"vendo-o antes, falou da ressurreição de Cristo, que a sua alma não foi deixada no Hades, nem a sua carne experimentou a corrupção. PARA este Jesus ressuscitou Deus, do que todos nós somos testemunhas. Assim que, exaltado pela destra de Deus, e tendo recebido do Pai a promessa do Espírito Santo derramou o que vedes e ouvis"* **Atos 2:31-33**.

Esta é a restauração completa do Filho, feita pelo Pai, para reunir-se com Ele para sempre. Nesta Vitória Jesus nos incluiu para o vida eterna, assim como Adão nos incluiu para a morte eterna quando ele pecou

Mas ele foi ferido por causa das nossas transgressões, e moído por causa das nossas iniquidades; o castigo que nos traz a paz estava sobre ele, e pelas suas pisaduras fomos sarados. **Isaías 53:5**

CONCLUSÃO

Hoje podemos experimentar os benefícios daquele sacrifício que nunca termina graças a Jesus. Sua obra se estende a cada novo ser humano que entra neste mundo em pecado. Todos nós temos a possibilidade apropriar-nos da obra de Jesus. Nós somos testemunhas dos milagres de redenção, cura e libertação que a morte e ressurreição de Cristo traz para as vidas que o reconhecem como Senhor e Salvador. Se você já passou por situações difíceis; se a doença lhe roubou a saúde; se a amargura tirou sua alegria; se a impossibilidade de superar o vazio interior te encheu de frustração; se a impossibilidade de restabelecer os vínculos afetivos no casamento, com seus filhos, pais ou consigo mesmo, o tenha esgotado ou deprimido; se você está cansado de suportar tanto sofrimento, eu apresento a você a única solução. Hoje, Jesus quer se tornar real em seu coração e manifestar Seu poder transformador em todos os aspectos da sua vida; mas, sobretudo, em seu destino eterno. Hoje você pode começar a ver como isso se torna realidade, porque Jesus pagou o preço total po você na cruz.

TESTEMUNHO

Wan é uma mulher chinesa que, devido a sua educação se tornou ateia. Mas teve que recorrer um longo caminho para entender a plenitude do sacrifico de Cristo na cruz, o qual tem poder para salvar, curar, libertar e prosperar. Este é o seu testemunho:

"Meu nome é Wan e nasci na China. No meu país, fui criado como ateu. Eles me ensinaram que 'o homem pode ganhar o céu por si mesmo'; isto é, 'fé em si mesmo'. Eles também me ensinaram que eu tinha que lutar pela VERDADE.

Fiz um grande esforço para ir de uma pequena aldeia para as melhores universidades a fim de estudar, mesmo assim não consegui encontrar o propósito da minha vida. Por curiosidade, vim para a

América. Aqui, Jesus teve misericórdia de mim, tocou-me e eu me converti. Entreguei minha vida de todo coração à Ele. No entanto, logo me vi preso à religião. Depois de ler a Bíblia, eu queria andar como Jesus; não apenas ensinando e pregando, mas também curando os enfermos, expulsando demônios, operando milagres, sinais e maravilhas. De repente, senti que havia encontrado meu propósito em a vida. Visitei muitas igrejas, mas não encontrei nenhuma que treinasse aos crentes por isso. Na verdade, alguns líderes me disseram que eu estava errado, outros me disseram que os milagres não existiam mais. Tentei seguir a Jesus com o pouco conhecimento que tinha. Eu estava completamente perdido, não tinha esperança na religião isso me levou a acreditar que "quanto mais pobre, mais santo". Eu estava prestes a morar na rua. Quando eu estava pronto para me isolar em um lugar remoto e nunca mais pensar em Deus, eu vim ao Ministério El Rei Jesus, em Miami. Aqui, eu fui treinado para andar no poder sobrenatural de Cristo Jesus. Minha mente mudou do terreno para celestial. Tive a revelação de que minha fonte é meu Pai Celestial e trabalho, não para ganhar dinheiro, mas para conquistar território. Onde quer que eu vá, eu evangelizo e oro pelos enfermos. Agradeço a Jesus por abrir meus olhos e me deixar ver a verdade. Eu estava completamente livre do espírito de tradicionalismo, religiosidade e pobreza. Aprendi a crer em Jesus, orar, jejuar e semear; isto o que me levou a ter mais fome da verdade de Deus. Na University of Supernatural Ministry, fui equipado para evangelizar e dar passos ousados para o Reino. Jesus me deu Seu amor, e me revelou os Seus mistérios".

PERGUNTAS FINAIS

Por favor, responda as perguntas a seguir baseadas no conteúdo da aula:

- Qual foi a parte mais dolorosa de todo o sofrimento e sacrifício de Jesus para nos libertar do pecado?
- O que Jesus fez durante os três dias em que esteve morto?
- O que levou Jesus a estar cheio de pecado e no inferno?
- O que Jesus fez no Hades?
- O que aconteceu com o corpo de Jesus?
- Diga com suas próprias palavras, o que Jesus conquistou para nós na cruz, no inferno e em Sua ressurreição?

ATIVAÇÃO

- O líder levará os alunos, em espírito de oração, a reconhecer o que Jesus fez na cruz por eles; e os levará a declarar o poder da vitória e ressureição de Jesus sobre as suas vidas, para que tenham uma vida livre da opressão do pecado.

- Então, vocês farão um compromisso juntos para deixar a revelação do sacrifício de Jesus transformar suas vidas a cada dia.

TAREFA

- A seguir revise os pontos importantes da aula:

    ▸ Beber do cálice da iniquidade foi a tarefa mais difícil de Jesus, porque Ele sabia que continha todos os pecados da humanidade e que isso o separaria do Pai.

    ▸ O caminho da cruz para o céu foi o processo que Jesus seguiu depois de Sua morte espiritual e física na cruz.

    ▸ Jesus desceu primeiro ao inferno, onde recebeu o julgamento de Deus pelo pecado de toda a humanidade.

    ▸ Então Jesus foi vivificado no Espírito e derrotou o diabo de uma vez por todas, tirando as chaves da morte.

    ▸ Jesus proclamou sua vitória aos demônios e deu testemunho para pessoas que morreram na fé antes de Seu tempo. Eles foram ressuscitados!

    ▸ O corpo de Jesus não sofreu corrupção.

    ▸ Jesus foi restaurado como o Filho de Deus e reunido com o Pai como parte da Divindade.

    ▸ Através da vitória de Jesus, o homem recebeu o dom da vida eterna.

- Se você está deprimido, doente ou sofrendo, tome posse da obra consumada de Jesus na cruz e no Sheol para ser livre e deixa-lo saudável. Livre-se de todos os pecados que o afligem, com a revelação de que Jesus já pagou por eles e os deixou enterrados no inferno.

- Considere a seguinte Oração como exemplo:

"Pai Celestial, sei que o pecado estava matando minha vida. Eu não sabia, mas o pecado encheu minha vida de dor, doenças, relacionamentos rompidos, vícios, perversões, imoralidade e muito mais. Hoje, me arrependo de todo o coração e clamo pelo sangue de Cristo derramado na cruz e Sua obra no Sheol para me tornar livre, são e salvo. Hoje, eu me aproprio de Sua obra e a declaro completa sobre minha vida, minha saúde, minha família, minhas finanças, meus planos e minhas propósito nesta vida. Eu me declaro um com Cristo em Sua morte e em Sua ressurreição. Eu ressuscitei da morte que o pecado produz vida em santidade com o Pai. Eu oro isso em nome de Jesus. Amém!"

- Para completar e entender melhor esta aula, leia em sua bíblia, o capítulo 53 do livro de Isaías, e responda as perguntas a seguir:

    ▸ Em qual versículo você percebeu que o profeta Isaías, em o Antigo Testamento, falava de Jesus?

    ▸ Copie os versículos 4 e 5 aqui para que você possa memorizá-los. Então, quando você orar por suas necessidades, você pode se referir a estes versículos e aplique a Palavra às suas orações.

    ▸ Qual foi a atitude de Jesus diante dos ultrajes que sofreu, de acordo com o versículo 7?

    ▸ Qual seria a recompensa de Jesus depois de passar por tudo isso o Pai imporia sobre Ele e o pecado que Ele carregaria?

    ▸ Depois de ler este capítulo, qual é o seu pensamento final?

Aula 8

O Processo De Purificação Do Crente

METAS

- Que os alunos reconheçam a necessidade de convencimento do Espírito Santo
- Que cada um reconheça sua própria urgência de estar purificado para a volta de Jesus para a sua igreja

Este ensinamento foi recebido da parte de Deus pelo apóstolo Guillermo Maldonado, com o propósito de transformar as vidas de quem receber. O professor deve se apegar aos objetivos e conteúdo de cada aula, ensinando 45 minutos e ministrando 15 minutos. Seguir estas instruções trará disciplina ao professor e mudança radical para todos.

O Processo De Purificação Do Crente

REVISÃO DA AULA ANTERIOR

- A coisa mais difícil para Jesus foi beber o cálice da iniquidade porque o separaria do Pai.
- Jesus primeiro desceu ao inferno e recebeu julgamento pelo pecado de todos.
- Então ele foi vivificado no Espírito e derrotou o diabo.
- Jesus proclamou sua vitória sobre os demônios e testificou aos mortos na fé.
- O corpo de Jesus não sofreu corrupção.
- Ele foi restaurado como o Filho de Deus e reunido com o Pai.
- Pela vitória de Jesus, o ser humano pode receber vida eterna.

AGENDA | CLASE DE LÍDERES

15m Adoração / Preparar ambiente
60m Enssino
10m Oferta / Conectar com a classe
20m Ministração e ativação
05m Anúncios e despedida
TOTAL: 1 Hr. e 50m.

Na aula 5 vimos a limpeza espiritual como parte do processo de crente; algo que acontece depois que nos arrependemos de nossos pecados. Agora vamos estudar isso com mais detalhes. quando nós <u>confessarmos</u> nossos pecados e nos <u>arrependemos</u> deles, somos perdoados e o <u>sangue de Jesus nos purifica</u>. Sendo perdoados, todos os nossos pecados são apagados. O sangue de Cristo encerra o reinado de Satanás em nossa vida, ficamos afastados do mundo, do pecado e mal, porque o sangue de Jesus nos leva a reconciliar com Deus.

O processo do novo convertido

RESPONDA

Você acredita que já começou o seu processo de purificação pessoal? Como você descobriu isso? E se não o que impede você de se entregar a esse processo?

Separe alguns minutos para escrever a sua resposta.

_____

_____

_____

O processo de purificação é feito ao longo do tempo, a medida que recebemos revelação, tomamos decisões e permanecemos livres do pecado. A maioria das pessoas se arrepende genuinamente, mas continua a lutar contra a culpa, má consciência, condenação etc.; porque agora não é sobre o perdão dos pecados, mas sobre purificação do coração, que é um processo de mudança interna que todos devemos passar. O triste é que nem todas as pessoas estão dispostas a passá-lo adiante. Então, a mudança não é completa e o pecado volta. Esta é a razão pela qual muitos retornam ao seu estado anterior.

> *Arrependimento sem o processo de purificação não produz frutos; isto é um problema frequente no novo crente.*

RESPONDA

Você já pertenceu a alguma igreja onde sentiu que não havia mudança em sua vida? Por que acha que isso aconteceu?

Separe alguns minutos para escrever a sua resposta.

_____

_____

_____

A IGREJA ESTÁ EM PROCESSO DE PURIFICAÇÃO?

Mas também tens em Sardes algumas poucas pessoas que não contaminaram suas vestes, e comigo andarão de branco; porquanto são dignas disso.

O que vencer será vestido de vestes brancas, e de maneira nenhuma riscarei o seu nome do livro da vida; e confessarei o seu nome diante de meu Pai e diante dos seus anjos. Quem tem ouvidos, ouça o que o Espírito diz às igrejas. **Apocalipse 3:4-6**

Se você perguntasse o que o Espírito Santo está fazendo e dizendo agora, a resposta seria que Ele está limpando e purificando a igreja em todo o mundo. Estes são dias de purificação, expurgo, limpeza e refino. Começando com os ministros e continuando com os adoradores, intercessores, líderes e crentes. Toda a igreja está sendo limpa, incluindo o remanescente. Devemos vê-lo, discerni-lo e reconhecê-lo no Reino espiritual. Isso foi o que o último dos profetas do Antigo Testamento profetizou sobre Jesus:

Eis que eu envio o meu mensageiro, que preparará o caminho diante de mim; e de repente virá ao seu templo o Senhor, a quem vós buscais; e o mensageiro da aliança, a quem vós desejais, eis que ele vem, diz o SENHOR dos Exércitos. Mas quem suportará o dia da sua vinda? E quem subsistirá, quando ele aparecer? Porque ele será como o fogo do ourives e como o sabão dos lavandeiros. E assentar-se-á como fundidor e purificador de prata; e purificará os filhos de Levi, e os refinará como ouro e como prata; então ao Senhor trarão oferta em justiça. **Malaquias 3:1-3**

No fim dos tempos, o Senhor está purificando e limpando Sua igreja para que esteja pronta e preparado para Seu retorno. Jesus volta para uma igreja gloriosa. "Cristo amou a igreja e se entregou por ela, para santificá-la, tendo-o purificado na lavagem da água pela palavra, a fim de apresentá-la a si mesmo, igreja gloriosa, que não tinha mácula ou ruga ou coisa semelhante, mas era santo e sem mancha" **Efésios 5:25-27**

Há muitas coisas em nossas vidas que precisam ser limpas e purificadas antes de Seu retorno.

Todos nós fomos expostos à poluição e há muitas coisas em nossa vida com a qual ainda lutamos, que ainda não superamos. O que é um problema para você pode não ser para outra pessoa; e o que é um problema para a pessoa ao seu lado, pode não ser um problema para você. Está é a razão pela qual não podemos julgar o nosso próximo. As vezes julgamos os outros porque eles lutam com algo que não lutamos.

COMO É O PROCESSO DE PURIFICAÇÃO DO CONVERTIDO?

Como dissemos antes, somos perdoados antes de sermos purificados. O perdão, é instantâneo, mas a limpeza não. Às vezes depois de ser perdoado, tendo-se arrependido e confessado os pecados, a pessoa ainda se sente culpada. Isto porque não é uma questão de pecado, mas uma questão de limpeza.

Ora, amados, pois que temos tais promessas, purifiquemo-nos de toda a imundícia da carne e do espírito, aperfeiçoando a santificação no temor de Deus. **2 Coríntios 7:1**

A limpeza é contínua porque trazemos a iniquidade do ventre materno, e estamos expostos à contaminação ao longo de nossa vida. Por outro lado, o processo de limpeza inclui a libertação e cura. Você pode ser perdoado, mas não liberado; pode ser salvo, mas não curado. Libertação abre a porta para o processo de limpeza contínua, que levará o crente a ter a consciência tranquila e parar de pecar. Tudo isso pode acontecer junto e ao mesmo tempo; mas muitas vezes acontece progressivamente, por convicção que o Espírito Santo traz.

RESPONDA

Em seu processo de purificação, qual tem sido a área da sua vida mais difícil a se render a obra do Espírito Santo, e por quê?

Separe alguns minutos para escrever a sua resposta.

_____
_____
_____

COMO É O CONVENCIMENTO DO ESPÍRITO SANTO?

Primeiro, devemos deixar claro que ninguém pode ser salvo sem o convencimento do Espírito Santo. "E, quando ele vier, convencerá o mundo do pecado, e da justiça e do juízo. **João 16:8**

Convicção é o ato de convencer uma pessoa de que ela cometeu um erro, e pressioná-la a admitir a verdade, e então mudar seu coração. Convicção não é condenação, acusação ou julgamento.

O poder convincente do Espírito Santo ilumina a consciência para nos mostrar o pecado em nossas vidas. Se alguém não for convencido pelo Espírito Santo, não se arrependerá, nem mudará. <u>Enquanto ele não estiver convencido de algo, continuará a fazê-lo</u>. Podemos aconselhar as pessoas, mas enquanto não houver convicção, isso não mudará.

Somente o Espírito Santo pode nos convencer do pecado; nossa tarefa é ceder à Sua convicção.

Uma pessoa em rebelião não cederá ao poder de convencimento do Espírito Santo. <u>A convicção</u> é um apelo profundo ao coração que <u>diz que estamos desagradando a Deus</u> e nos traz o temor de Deus para não O desagradar. Muitas vezes, o Espírito Santo nos convence do pecado, mas não fazemos nada a respeito. Depois de um tempo, nossos corações endurecem e cauterizam. por isso morremos para a justiça, porque não temos temor de Deus. Consequentemente é importante reconhecer essas convicções e ceder a elas, rendendo-nos.

A Resposta Bíblica à Convicção do Espírito Santo é o arrependimento e a entrega.

Deus usa pregadores para pregar a Palavra, e o Espírito Santo usa essas palavras para convencer os corações e mostrar as nossas transgressões. *"Chora alto, não pare; levante sua voz como trombeta, e anunciai ao meu povo a sua transgressão, e à casa de Jacó a seu pecado"* **Isaías 58:1**. A resposta à convicção deve ser sempre arrependimento e entrega; fazer uma mudança genuína e sincera no coração e na mente; caso contrário, o coração endurecerá.

RESPONDA
Você consegue identificar áreas de sua vida que já mudaram graças ao convencimento do Espírito Santo, e por haver cedido a esse convencimento? Qual foi o fruto da mudança visível que você experimentou?

Separe alguns minutos para escrever a sua resposta.

QUAL O FRUTO SE RENDER À CONVICÇÃO DO ESPÍRITO SANTO?

Vejamos o exemplo de Zaqueu. *"E, tendo Jesus entrado em Jericó, ia passando. E eis que havia ali um homem chamado Zaqueu; e era este um chefe dos publicanos, e era rico. E procurava ver quem era Jesus, e não podia, por causa da multidão, pois era de pequena estatura. E, correndo adiante, subiu a uma figueira brava para o ver; por que havia de passar por ali. E quando Jesus chegou àquele lugar, olhando para cima, viu-o e disse-lhe: Zaqueu, desce depressa, porque hoje me convém pousar em tua casa. E, apressando-se, desceu, e recebeu-o alegremente. E, vendo todos isto, murmuravam, dizendo que entrara para ser hóspede de um homem pecador. E, levantando-se Zaqueu, disse ao Senhor: <u>Senhor, eis que eu dou aos pobres metade dos meus bens; e, se nalguma coisa tenho defraudado alguém, o restituo quadruplicado</u>. E disse-lhe Jesus: <u>Hoje veio a salvação a esta casa</u>, pois também este é filho de Abraão. Porque o Filho do homem veio buscar e salvar o que se havia perdido.* **Lucas 19:1-10**. Sabemos que <u>Zaqueu foi convencido de seus pecados</u> porque houve uma <u>mudança radical</u> em sua vida.

Lembre-se, Deus só leva o que você dá a Ele. Hoje não estamos vendo uma mudança genuína de coração porque as pessoas não estão se rendendo completamente à convicção do Espírito Santo. Quando se arrepende, nunca mais fará a mesma coisa novamente. *"Então, produza frutos consistentes com arrependimento (demonstrando um novo comportamento experimente uma mudança de coração e uma decisão consciente de se afastar do pecado)"* **Mateus 3:8 - AMP.**

O fruto do arrependimento é a mudança

CONCLUSÃO

Arrependimento é desviar-se dos maus caminhos, afastar-se pecados, iniquidades e transgressões. Quando nos arrependemos nossos pecados são imediatamente apagados, mas há pessoas que continuam lutando com a culpa. Isso acontece porque precisamos limpe nossos corações. A limpeza é um processo gradual, através do qual estamos nos afastando do mal e nos aproximando do Deus. O processo de limpeza ocorre quando o Espírito Santo nos traz convicção. Nossa responsabilidade é concordar com Ele, desista e se arrependa. Isso produzirá mudanças permanentes nas nossas vidas. Estes são os dias em que Deus está purificando Sua igreja. vamos ceder ao Espírito Santo e deixar que Ele nos mude.

TESTEMUNHO

Nausica é uma renomada jornalista italiana que viveu mais de quarenta anos convencida de que ela era homossexual, até que ela veio para a igreja e teve um encontro com Jesus e o processo de purificação do Espírito Santo transformou sua vida para sempre. Vamos ler o seu testemunho:

"Quando minha mãe estava grávida, meu pai queria que eu fosse homem, mas nasci mulher. Em minha casa eu não conhecia o amor; meu os pais só sabiam brigar. Nunca houve qualquer diálogo ou comunicação. Consultava minhas dúvidas fora de casa. Por exemplo, por que eu gosto as garotas? Todos me diziam que eu era normal, que eu nasci assim, e esse amor não tem gênero. Cresci convencida de que Deus havia me criado assim. Acho que estava procurando o amor que minha mãe nunca pode me dar. Eu não a culpo porque ela mesma não recebeu quando criança. A única coisa que consegui foi paixão sexual, porque não conhecia o amor verdadeiro. Ao longo da minha vida, desenvolvi problemas de anorexia e bulimia, tabagismo e alergias. A última namorada que eu tive, seus pais eram cristãos, me levavam à igreja. Ali me senti lá cativada pelo grande amor de Jesus. Senti paz, uma grande alegria, fora do comum e minha vida começou a mudar. Fui batizada e Deus curou minhas alergias e tirou meu vício de fumar sem que eu pedisse. Sua paz foi suficiente para apagar toda a ansiedade. Um dia, em voz audível, Ele me disse: 'Eu criei o homem e a mulher. Tudo o que estiver fora da minha criação é um engano de Satanás. Eu tinha fantasias como eu fosse um homem querendo uma mulher! Na Bíblia eu li que a homossexualidade é uma abominação e vem de mentes perversas. Isso me fez tremer de medo. eu entendi que se eu perseverasse nisso, estaria do lado de Satanás, mas eu queria estar do lado de Jesus. Orei a Deus e, num instante, deixei aquele mundo. Deixei minha namorada e eu fiquei sozinha. A obediência me libertou. o Senhor me deu uma nova família e uma grande fome por Sua Palavra. Sete Anos depois, me sinto ótima; honrada pelo chamado de Deus para servi-lo. Hoje, a missão em minha vida é trazer a verdade de que ninguém nasce homossexual. Isso é mentira do diabo! Deus nos ama e pode nos libertar; pode apagar nosso pecado e nos dar uma vida plena."

PERGUNTAS FINAIS

- Por favor responda as perguntas a seguir:
  - Com que propósito Jesus está purificando a Igreja?
  - Qual é a diferença entre perdão e purificação?
  - Podemos ser perdoados sem ainda sermos purificados?
  - Qual é a condição fundamental para ser purificado?
  - O que a convicção do Espírito Santo faz em nossa vida?
  - Qual é o fruto de se render à convicção do Espírito Santo?

ATIVAÇÃO

- O professor levará os alunos a fazer uma oração pessoal onde eles vão pedir ao Espírito Santo para trazer a convicção do pecado à vida dele.

- Em seguida, conduza-os em oração para desistir desse pecado.

- Por fim, ministrará a libertação de todas as amarras ao pecado que as pessoas não foram

TAREFA

- Revise os pontos importantes da aula:
  - O Espírito Santo limpando a igreja purificando-a para que esteja pronta para a volta de Jesus.
  - O perdão é instantâneo, mas a limpeza é um processo.
  - A limpeza é contínua porque trazemos a iniquidade do ventre de nossa mãe e estamos expostos à poluição do mundo.
  - Podemos ser perdoados e ainda precisamos de libertação e cura,
  - Ninguém pode ser salvo ou limpo sem a convicção do Espírito Sagrado.
  - A convicção do Espírito Santo ilumina a nossa consciência e mostra-nos o nosso estado de pecado.
  - A resposta à convicção do Espírito é arrepender-se e render-se.
  - O fruto da entrega a essa convicção é a evidente e permanente.

- Você tem alguma necessidade específica? Você precisa de um milagre criativo, uma intervenção divina? Diga a seguinte oração em voz alta:

  "Pai Celestial, hoje venho diante de Ti com a necessidade de mostrar-Te as partes mais duras do meu coração, lá onde a convicção do Espírito Santo ainda não chegou porque fechei a porta. Hoje, pela fé, abro essa porta e permito que o Espírito Santo faça Sua obra, trazendo convicção e limpando toda sujeira de pecado, hábitos pecaminosos, coisas que ninguém sabe além do você vê. Peço a Tua graça para desistir e a Tua força para me sustentar naquela decisão. Eu quero estar limpo, saudável, livre e cheio do Teu Santo Espírito. Eu oro isso em nome de Jesus. Amém!"

- Releia em sua Bíblia, Lucas capítulo 19, versículos 1-10, e responda as seguintes questões:
  - Quem foi Zaqueu? Qual era seu trabalho?
  - Por que você acha que Zaqueu estava tão ansioso para ver Jesus, que subiu em uma árvore para vê-la passar?
  - O que Jesus fez quando viu a atitude de Zaqueu?
  - Por que você acha que Jesus disse que era necessário ir para casa deste homem a quem todos desprezavam?
  - Por que você acha que Zaqueu ficou tão feliz ao ouvir que Jesus queria ir e pousar na casa dele?
  - Quais foram os frutos da convicção de que o Espírito Santo trouxe ao coração daquele cobrador de impostos?

Para ver o catálogo completo de livros, manuais e pregações do apóstolo Guillermo Maldonado, em inglês e espanhol, ou comprar diretamente da editora:

ventas@elreyjesus.org

www.shop.KingJesus.org

Ministerio Internacional El Rey Jesús

14100 SW 144 Ave. Miami, FL 33186

(305) 382-3171

www.ingramcontent.com/pod-product-compliance
Lightning Source LLC
LaVergne TN
LVHW080041090426
835510LV00041B/1895